**Georg Henke
Christoph Henning**

Wandern in
Ligurien

Inhalt

Wandern in Ligurien	**6**
Auf den Spuren von Fischern und Bauern	**8**
Im Buschwald	**10**
Kulturpflanzen: Ölbäume, Wein, Zitronen	**12**
Geschichte und Kunst am Wege	**14**

Tour 1 Über dem Tal der Roia
Von Breil-sur-Roya nach Airole
(4.30 Std.; mittelschwer) **16**

Tour 2 Wildbäche und Lavendelhöhen
Bei Rocchetta Nervina
(5.30 Std.; mittelschwer) **20**

Tour 3 Kühne Pfade in steilem Fels
Auf dem Sentiero degli Alpini
(5.30 Std.; anspruchsvoll) **24**

Tour 4 Auf dem Dach Liguriens
Von Verdeggia auf den Monte Saccarello
(7 Std.; anspruchsvoll) **28**

Tour 5 Über zwei Flusstälern
Von Carpasio nach Montalto Ligure
(5 Std.; mittelschwer) **34**

Tour 6 Weite Horizonte
Von der Colla d'Oggia zum
Carmo di Brocchi
(6 Std.; anspruchsvoll) **38**

Tour 7 Auf alten Maultierpfaden
Bei Dolcedo im Hinterland von Imperia
(6 Std.; mittelschwer) **43**

Tour 8
Olivengärten und Bergweiden
Von Bellissimi zum Monte Follia und den Prati
di Dolcedo (6.15 Std.; anspruchsvoll) **48**

Tour 9
In der Ferne die Alpen
Von Madonna del Lago auf den Monte Armetta
(5.30 Std.; mittelschwer) **53**

Tour 10
Über der Bucht von Alassio
Alassio–Castello d'Andora–Colla Micheri–
Laigueglia (5 Std.; mittelschwer) **55**

Tour 11
Kalksteinzinnen über dem Tal
Von Aquila d'Arroscia auf den Peso Grande
(6 Std.; mittelschwer) **61**

Tour 12
Im Tal der Neva
Von Zuccarello nach Castelvecchio
di Rocca Barbena (3 Std.; einfach) **65**

Tour 13
Steile Pfade nach San Pietro
Von Toirano nach San Pietro in Monte
(6.30 Std.; anspruchsvoll) **68**

Tour 14
Via del Sale
Durch das Tal des Rio della Valle
zur Rocca Barbena (5 Std.; anspruchsvoll) **73**

Tour 15
Landschaftsidylle im Finalese
Von Finalborgo über Perti zum Pian Marino
(3.30 Std.; einfach) **77**

Tour 16
Im Dunkel der Steineichen
Bei Calvisio Vecchio im Hinterland
von Finale Ligure (4.30 Std.; mittelschwer) **81**

Tour 17
Brücken und verwunschene Täler
Von Varigotti durch die Valle Ponci
nach Finale Ligure (3.45 Std.; mittelschwer) **85**

Tour 18
Wege über dem Golf von Genua
Von Crevari über den Monte Reixa
nach Lerca (7.30 Std.; anspruchsvoll) **88**

Tour 19
Am Rande der Großstadt
Von Pino zu den Bergfestungen von Genua
(3.15 Std.; einfach) **93**

Tour 20 Buchenwälder, Blumenwiesen
Zum Monte Antola
(5.30 Std.; mittelschwer) **96**

Tour 21 Über die Halbinsel von Portofino
Von Ruta über Portofino Vetta nach Portofino
(2.15 Std.; einfach) **101**

Tour 22 Steilabfälle über dem Meer
Von Camogli über San Fruttuoso
nach Portofino (5 Std.; anspruchsvoll) **104**

Tour 23 Die große Tour im Hinterland
Von Ruta über den Monte Manico del Lume
nach Rapallo (6 Std.; anspruchsvoll) **108**

Tour 24 Im Land der Partisanen
Rundweg am Monte Caucaso bei Barbagelata
(3.15 Std.; mittelschwer) **112**

Tour 25 Einsame Wälder und Bergweiden
Von Gramizza über den Passo Spingarda
nach Pratosopralacroce (5 Std.; anspruchsvoll) **115**

Tour 26 Zwischen Meer und Apennin
Von Montallegro nach Chiavari
(3 Std.; mittelschwer) **119**

Tour 27 Dörfer, Städte, Strände
Von Lavagna über Cavi nach Sestri Levante
(2.45 Std.; einfach) **122**

Tour 28 Macchiawege am Bracco-Pass
Von Ca'Marcone über Lemeglio
nach Moneglia (2.45 Std.; einfach) **125**

Tour 29 Zugang zu den Cinque Terre
Von Levanto nach Monterosso
(2.30 Std.; mittelschwer) **128**

Tour 30 Der beliebteste Wanderweg
Von Monterosso nach Riomaggiore
(4.30 Std.; mittelschwer) **131**

Tour 31 Cinque Terre ohne Trubel
Von Monterosso über Soviore
nach Vernazza
(3.15 Std.; mittelschwer) **135**

Tour	32	Durch Felsen zum Dorf der Venus Von Riomaggiore nach Portovenere (4.30 Std.; mittelschwer)	139
Tour	33	Zu schönen Buchten Rundweg auf der Isola Palmaria (2.15 Std.; einfach)	142
Tour	34	Im Naturpark Montemarcello Rundwanderung bei Lerici (3.45 Std.; mittelschwer)	144
Tour	35	Blicke zu den Marmorbergen Von Tellaro nach Bocca di Magra (2.30 Std.; einfach)	148

Register	152
Abbildungsnachweis/Impressum	156

Das Klima im Blick

atmosfair

Reisen bereichert und verbindet Menschen und Kulturen. Wer reist, erzeugt auch CO_2. Der Flugverkehr trägt mit einem Anteil von bis zu 10 % zur globalen Erwärmung bei. Wer das Klima schützen will, sollte sich für eine schonendere Reiseform (z. B. die Bahn) entscheiden – oder die Projekte von *atmosfair* unterstützen. *Atmosfair* ist eine gemeinnützige Klimaschutzorganisation. Die Idee: Flugpassagiere spenden einen kilometerabhängigen Beitrag für die von ihnen verursachten Emissionen und finanzieren damit Projekte in Entwicklungsländern, die dort den Ausstoß von Klimagasen verringern helfen. Dazu berechnet man mit dem Emissionsrechner auf *www.atmosfair.de,* wie viel CO_2 der Flug produziert und was es kostet, eine vergleichbare Menge Klimagase einzusparen (z. B. Berlin – London – Berlin 13 €). *Atmosfair* garantiert die sorgfältige Verwendung Ihres Beitrags. Klar – auch der DuMont Reiseverlag fliegt mit *atmosfair!*

Wandern in Ligurien

Wandersaison

Die besten Wanderzeiten an der Küste sind März bis Mitte Juni und Mitte September bis Oktober. Auch im Winter kann man schöne Wanderungen durchführen; die Temperaturen sind oft mild, und es blühen zahlreiche Pflanzen. Im Sommer lassen sich wegen der Hitze Küstenwanderungen meist nur frühmorgens und abends mit Genuss durchführen.

Im Gebirge beginnt die gute Wanderzeit im April, optimal sind Mitte Mai bis Juni und September; in Lagen ab 1000 m kann man auch im Hochsommer problemlos wandern.

Anspruch

In der Rubrik »Die Wanderung in Kürze« wird jeweils darauf hingewiesen, ob es sich um eine einfache (+), mittelschwere (++) oder anspruchsvolle (+++) Tour handelt.

Gehzeiten

Alle in diesem Wanderführer aufgeführten Zeiten verstehen sich als reine Gehzeiten. Rechnen Sie bei der Planung einer Tour noch ausreichend Zeit für Pausen, Fotografieren, Besichtigungen oder auch Verlaufen hinzu. Bedenken Sie bitte auch, dass manche Wege sich im Lauf der Zeit verändern können!

Wanderkarten

Die im Text angegebenen Wanderkarten sind im deutschsprachigen Raum vielfach allenfalls in Spezialgeschäften erhältlich; man findet sie problemlos vor Ort. Mit den Wegbeschreibungen dieses Buches und den im allgemeinen sehr verlässlichen Markierungen sind sie zur Orientierung allerdings nicht unbedingt erforderlich. Einschlägige deutsche Fachgeschäfte findet man im Internet unter www.italienwandern.de/wanderkarten.html. Die überall in Deutschland erhältlichen Kompasskarten decken im Maßstab 1:50.000 einen Gutteil der Region (Riviera di Ponente, Cinque Terre) ab.

Ausrüstung

Empfehlenswert ist für alle Wanderungen festes Schuhwerk, vorzugsweise gut eingelaufene Wanderschuhe. Die meisten Wege führen zumindest abschnittsweise über steinige Pfade.

In allen Jahreszeiten muss man mit Regenfällen rechnen, sollte also einen leichten Regenschutz mitführen. Ein Sonnenschutz ist zwischen Mai und September unerlässlich. Bei den häufig steilen An- und Abstiegen sind Teleskopstöcke nützlich.

Mit Bahn und Bus

Alle Orte der ligurischen Küste sind durch häufig fahrende Züge miteinander verbunden; an der Riviera di Ponente sowie zwischen Genua und Sestri Levante verkehren auch Busse im Allgemeinen im Ein- bis Zweistundentakt. In die Dörfer des Hinterlandes fahren Busse meist zwischen drei- und zehnmal täglich (vielfach nur werktags). Die für die Wanderungen wichtigen Verkehrsverbindungen sind bei den Wegbeschreibungen aufgeführt. Da Busfahrpläne erfahrungsgemäß oft über Jahre fast konstant bleiben, wurden bei manchen Verbindungen genaue Abfahrtszeiten angegeben (Stand: Sommer 2009).

Die Fahrpreise für Bus und Bahn sind niedrig. Wichtig: Die Bahnfahrkarten vor Fahrtantritt kaufen (und stempeln); Nachlösen im Zug wird sehr teuer. Busfahrkarten müssen häufig außerhalb der Busse gekauft werden (am Busbahnhof bzw. in kleineren Orten in Bars oder Tabacchi-Geschäften). Geben Sie dem ankommenden Bus ein Zeichen, um den Fahrer zum Halten aufzufordern – bloßes Dastehen reicht oft nicht!

Auf den Fahrplänen bedeutet *feriale* (Abkürzung »f« oder »fer«) werktags (nicht »in den Ferien«), *festivo* (»F« oder »fest«) sonn- und feiertags, *scolastica* (»sc«) an Schultagen, d. h. nicht während der Sommerferien von Mitte Juni bis Mitte Sept.

Fahrplanauskunft (bei Websites auf »orari« klicken):

Bahn: Tel. 892021, www.trenitalia.com

Busse: von Ventimiglia bis Andora Tel. 800 034 771, www.rivieratrasporti.it; von Andora bis Savona Tel. 018 221 545, www.sar-bus.com; von Finale Ligure bis Varazze Tel. 019 220 1231, www.acts.it; von Genua bis Sestri Levante Tel. 800 012 727, www.tigulliotrasporti.it; Provinz La Spezia Tel. 800 322 322, www.atclaspezia.it

Notruf

118 Allgemeine Notrufnummer
112 Polizei (Carabinieri)
113 Straßenpolizei, Unfallrettung

SYMBOLE IN DEN KARTEN

⌂	Gasthaus, Bar	∴	Archäologische Stätte
⌂	Schutzhütte, Unterstand (unbewirtschaftet)	†	Wegkreuz, Gipfelkreuz
⛪	Kirche	⛺	Rastplatz
⛪	Kapelle	⋀	Höhle
⚲	Burg, Schloß	○	Quelle, Brunnen
		⊢	Schiffsanlegestelle

Auf den Spuren von Fischern und Bauern

Noch bis in die Mitte des 20. Jh. waren weite Bereiche Liguriens vorwiegend agrarisch geprägt. Heute bilden Bauern und Fischer nur eine verschwindend kleine Minderheit in der ligurischen Bevölkerung. Damit sind viele Traditionen verloren gegangen. Doch in der Architektur der Dörfer und in der Gestaltung der Landschaft findet man immer noch viele Spuren der jahrhundertealten Fischer- und Bauernkultur. Auf Wanderungen wird das besonders deutlich. Im Hügel- und Bergland sind zahlreiche Dörfer in den alten Formen erhalten geblieben. Die Häuser drängen sich aneinander, gepflasterte Gassen und Treppenwege durchziehen die Orte, über den Dächern ragt der Kirchturm empor, manchmal stehen am höchsten Punkt der Ansiedlung die Ruinen einer Burg. Die Dorfbilder sind der Landschaft völlig angepasst. Ihre Proportionen fügen sich der Umgebung ein, Natursteine aus der Region bilden das Baumaterial. Wenn die Fassaden verputzt wurden, erscheinen die Bauten in sanften Rot-, Gelb- oder Ockertönen.

Diese schlichte und doch überzeugende Ästhetik setzt sich außerhalb der Orte auf den Feldern, in den Olivenhainen und Weinbergen fort. Geschwungene Brücken, gepflasterte Maultierwege, Schuppen und Ställe, sogar die Grenzmauern der Anwesen wirken unmittelbar ansprechend durch die klaren Formen und die lebendigen Muster der beim Bau verwendeten Steine.

Ein Landschafts-Kunstwerk eigener Art stellen die Terrassen dar, mit denen einst alle fruchtbaren Hänge überzogen waren. In mühsamer Arbeit stützten die Bauern kleine Felder mit Steinmäuerchen ab, um der Erosion entgegenzuwirken. Der größte Teil der so gewonnenen, nur schwer kultivierbaren landwirtschaftlichen Fläche ist heute aufgegeben worden. Der Buschwald erobert sich das Terrain zurück, das ihm in Jahrhunderten abgetrotzt wurde. Doch die Spuren der Terrassenlandschaft sind noch an vielen Orten zu sehen.

An der Küste sind die alten Ortskerne zwar meist von unerfreulichen Neubauten umgeben. In den Zentren aber atmet man noch immer die Luft vergangener Zeiten. Der hervorragende italienische Denkmalschutz – der beispielgebend wurde für viele Länder der Welt – hat dafür gesorgt, dass nicht nur Einzelgebäude, sondern ganze Stadtanlagen in ihren überkommenen Formen erhalten blieben. In Orten wie Noli, Albenga, Camogli, Chiavari, Portovenere und vielen anderen findet man ein stimmiges Ensemble historischer Bauten, Gassen und Plätze.

Zu Recht weltberühmt geworden sind die Dörfer der Cinque Terre im äußersten Südosten der Region. Sie zählen heute zum Weltkulturerbe der UNESCO. Die fünf Orte an einer früher fast unzugänglichen Steilküste blieben von der Zersiedlung der Landschaft vollständig verschont. Sie bieten noch heute das einzigartige Bild einer Region fast ohne Straßen und Neubauten. Nirgendwo sonst in Italien erlebt man so anschaulich, wie die Küsten vor der Industrialisierung aussahen. Doch das traditionelle Bild der Landschaft kann man auf Wanderungen überall in Ligurien sehen, sobald man den dicht besiedelten Küstenraum verlässt. Oft reicht schon ein Fußweg von einer halben Stunde, um aus dem Trubel der Küste in Gebiete zu gelangen, in denen die Zeit stehen geblieben scheint.

Dazu trägt die sehr ungleiche Bevölkerungsverteilung in der Region bei. Mit 305 Einwohnern pro Quadratkilometer zählt Ligurien zwar zu den am stärksten besiedelten Zonen Italiens (der Landesdurchschnitt liegt bei 192 Einwohnern/km²). Rund 90 % der Bevölkerung aber drängen sich auf dem engen Küstenstreifen, gut die Hälfte lebt allein in den vier Provinzhauptstädten Genua, La Spezia, Savona und Imperia.

Im viel ausgedehnteren Hinterland dagegen sind viele Dörfer halb verlassen; die Häuser wurden vielfach von Auswärtigen erworben und dienen als Ferienwohnsitz. Die Landwirtschaft ist hier im Niedergang begriffen, viele Olivenhaine, Felder und Weinberge wurden aufgegeben. Neubauten wurden kaum errichtet, das Gebiet ist sehr ruhig, die Natur wirkt »unberührt«.

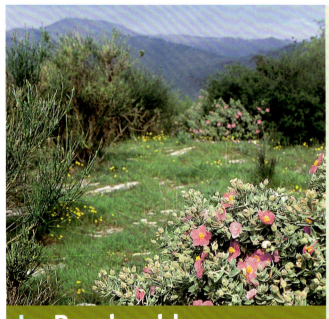

Im Buschwald

Die Macchia, der mediterrane Buschwald, ist die typische Pflanzengesellschaft der ligurischen Küste. In den Höhenlagen bis etwa 600 m entwickelt sie sich spontan, sobald die Natur sich selbst überlassen bleibt. Man kann das gut in Gebieten beobachten, in denen bäuerliches Kulturland – Gemüsegärten, Olivenhaine, Weinberge – aufgegeben wurde: Binnen weniger Jahre überwuchern hier Ginster, Baumheide, Rosmarinsträucher und andere Macchiapflanzen das Land. Ähnlich verhält es sich, wenn die Vegetation durch Waldbrände zerstört wurde. Auch dann beginnt nach kurzer Zeit der Buschwald nachzuwachsen.

Der Name »Macchia« leitet sich vom korsischen Wort für die Zistrose her. Während der Macchiablüte im späten Frühjahr und Frühsommer zeigt sich diese Pflanze als eines der auffallendsten Gewächse. Ganze Hänge sind dann mit ihren sehr feinen, fast wie chinesische Papierblumen wirkenden weißen oder rosa Blüten überzogen. In dieser Zeit blühen auch der Ginster, der die Landschaft in strahlendem Gelb aufleuchten lässt, sowie der Myrtenstrauch, der kleine weiße Blüten zeigt. Etwas früher im Jahr prägen die großen weißen Dolden der Baumheide das Bild. Ebenso wie Ginster, Rosmarin, Myrte und viele andere Macchiapflanzen duften sie sehr intensiv. Im Herbst fällt am stärksten der Erdbeerbaum ins Auge. Seine zunächst gelben, später leuchtend roten Früchte ähneln äußerlich tatsächlich den Erdbeeren, mit denen sie aber biologisch nichts zu tun haben. Sie sind essbar, allerdings nicht sonderlich schmackhaft.

Neben den schon erwähnten Sträuchern sind auch Lorbeer, Zedernwacholder, Steinlinde und Lentiscus (auch Mastixpistazie genannt) charakteristische Macchiagewächse. Fast alle Buschwaldpflanzen haben sehr harte Blätter oder Nadeln. Dadurch können sie lange Trockenperioden und starke Sonneneinstrahlung unbeschadet überstehen, da die Verdunstung verringert wird. Auf die Periode der intensiven Blüte im Mai und Juni folgt im Hochsommer eine lange, der Pflanzenruhe im nördlichen Winter vergleichbare Ruhephase.

Die Leitpflanze der Macchia ist die Steineiche, eine immergrüne Eichenart. Ihre harten, ledrigen Blätter sind oben leuchtend grün – das dient zur besseren Reflexion der Sonnenstrahlen – und unten mit Härchen besetzt, was die Verdunstung reduziert. Ursprünglich waren weite Küstengebiete von Eichenwäldern bedeckt. Durch menschliche Eingriffe und Brände haben sich diese urwaldartigen Gebiete zum niedrigeren Buschwald entwickelt, wie wir ihn heute sehen. Auch hier sind zwar Steineichen noch sehr häufig, Rodungen und Brände verhindern aber ihre Entfaltung zu voller Höhe, denn dafür benötigen sie Schatten und fruchtbaren Boden, den sie im Unterholz eines voll entwickelten Buschwal-

des finden, nicht aber auf freien Flächen.

Die in der Macchia heute häufig vertretenen Strandkiefern stellen für die Pflanzengesellschaft einen Fremdkörper dar. Sie sind ausschließlich durch menschliche Eingriffe hierher gelangt. Die Strandkiefern sind nicht im Gleichgewicht mit der Umgebung. Sie brennen besonders schnell und stellen daher Waldbränden keinen Widerstand entgegen; umgekehrt wird ihre Verbreitung durch Feuer und Rodungen gefördert, weil sie im Unterschied zu den Steineichen eine große Sonneneinstrahlung lieben.

Als undurchdringliches, für Fremde undurchschaubares Gebiet hat die Macchia in vielen Gegenden denjenigen als Zuflucht gedient, die sich Polizei und Regierung entziehen wollten. Im Italienischen gibt es dafür den Ausdruck »darsi alla macchia« (»sich der Macchia geben«). Der französische Ausdruck »maquis« ist zum Synonym für den Partisanenwiderstand geworden. In Ligurien allerdings lagen die Rückzugsgebiete der Outlaws weniger im Buschwald als in den noch unzugänglicheren Regionen des Gebirges.

Zahlreiche Touren dieses Buchs führen zumindest abschnittsweise durch die Macchia. Im Gebiet zwischen der Küste und den kühleren Höhenlagen des Gebirges wandert man fast überall entweder durch bäuerliches Kulturland oder durch mediterranen Buschwald. Macchia-Wege sind immer ein Genuss durch die Vielfalt der Pflanzenformen, die intensiven Düfte, dazu im Mai und Juni die leuchtenden Farben der blühenden Sträucher.

Kulturpflanzen: Ölbäume, Wein, Zitronen

Kaum eine der Kulturpflanzen, auf denen die ligurische Landwirtschaft basiert, ist ein einheimisches Gewächs. Der Ölbaum, der Wein und die Feige gelangten in der Antike durch die Griechen aus Vorderasien nach Italien. Orangen und Zitronen kamen aus Japan und Südasien erst im Mittelalter bzw. im 16. Jh. nach Europa. Die Blumenzucht, seit dem ausgehenden 19. Jh. ein tragender Pfeiler der Riviera-Wirtschaft, wurde von einem Deutschen, dem Landschaftsgärtner Ludwig Winter, begründet. Zu Winters Verkaufsschlagern zählten »Zimmerpalmen«. Bald gehörten sie zum normalen Bild bürgerlicher Salons. Auch Palmen sind an der Riviera eine Importpflanze: Wie zahlreiche andere exotische Zierpflanzen, etwa die weit verbreiteten Bougainvilleen, werden sie in Ligurien seit rund 150 Jahren angebaut.

Olivenhaine durchquert man auf ligurischen Wanderungen häufig. Bis auf 600–700 m Höhe bedecken sie die Hänge. Das ligurische Oli-

Kulturpflanzen: Ölbäume, Wein, Zitronen

venöl hat nicht das ausgeprägte Aroma wie etwa das toskanische oder umbrische Öl; es schmeckt feiner, aber weniger intensiv. Es eignet sich besonders gut für Fischgerichte, da es deren Eigengeschmack nicht übertönt. Das wichtigste Anbaugebiet sind die »Oliventäler« bei Imperia (Touren 7 und 8). In Imperia gibt es sogar ein Oliven-Museum (Ortsteil Oneglia, Via Garessio 13, tägl. außer Di 9–12 und 15–18.30 Uhr).

Der Weinbau hat dagegen in Ligurien geringere Bedeutung. Lange Zeit wurden hier meist nur einfache Tischweine produziert. Erst in den letzten Jahren bemühen sich Winzer auch um Qualitätsweine. Die wichtigsten Anbaugebiete befinden sich an der Riviera di Ponente, vor allem bei Dolceacqua und Albenga. Die eindrucksvollsten Weinberge aber sieht man auf Wanderungen in den Cinque Terre (Touren 30 und 31). Hier fallen die terrassierten Hänge über Hunderte von Metern steil zum Meer hin ab. Die Arbeit auf diesen Weinterrassen ist äußerst mühselig, viele Rebflächen wurden in den letzten Jahrzehnten aufgegeben. Heute wird versucht, die übrig gebliebenen Anbaugebiete mit Hilfe von Subventionen zu retten, zumal da die Terrassen und die sie stützenden Steinmäuerchen einen wichtigen Erosionsschutz bilden.

Orangen und Zitronen waren bis Ende des 19. Jh. neben dem Olivenöl die wichtigste Einnahmequelle der ligurischen Bauern. Dann aber führten die verbesserten Verkehrsverhältnisse zum Auftauchen sizilianischer und spanischer Zitrusfrüchte auf den Märkten Mittel- und Nordeuropas; die italienische Riviera verlor ihr Monopol. Die Gewinne sanken und zahlreiche Bauern, vor allem im Gebiet um Ventimiglia und San Remo, wandelten ihre Zitrusplantagen in Blumenfelder um. Seither exportiert die »Riviera dei Fiori« Schnitt- und Topfblumen, insbesondere Rosen, Anemonen, Narzissen und Nelken. Die Blumenzucht ist noch immer der wirtschaftlich wichtigste Bereich der ligurischen Landwirtschaft. Seit den sechziger Jahren des 20. Jh. werden die Blumen vorwiegend in Gewächshäusern oder unter Folien gezogen; manche Gebiete der Blumenriviera sind daher heute von einer unschönen Hülle aus Glas und Plastik bedeckt.

Für die Landschaft besonders wichtig ist die ausgedehnte »Freizeit-Landwirtschaft«. Viele Einheimische betreiben den Olivenanbau, den Wein- oder Obstbau neben ihrem Hauptberuf. So findet man auf dem Land überall kleine Olivenhaine und Weinberge, Gemüse- und Obstgärten. In vielen Gebieten blieb das traditionelle Bild des bäuerlichen Kulturlandes auf diese Weise gut erhalten, obwohl die hauptberuflichen Landwirte nur noch 2 % der erwerbstätigen Bevölkerung ausmachen.

Unter den Würzpflanzen ist das Basilikum der ungekrönte König. Die Pesto-Sauce, die bekannteste ligurische Spezialität, wird im Mörser aus Basilikum, Pinienkernen, Olivenöl, Knoblauch und Schafskäse gemixt. Angeblich hat das ligurische Basilikum ein eigenes Aroma, und nie – so behaupten jedenfalls die Einheimischen – kann ein gutes Pesto aus dem Basilikum anderer Gegenden entstehen.

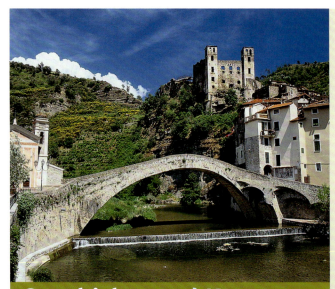

Geschichte und Kunst am Wege

Ligurien hat eine lange Geschichte. Ihre Spuren finden sich auf vielen Wandertouren. Fast jeder Ort, den man durchquert, hat einige jahrhundertealte Gebäude aufzuweisen; vielfach sind die alten Zentren insgesamt noch hervorragend erhalten. Immer wieder stößt man auf Spuren der Frühgeschichte, der Römerzeit, des Mittelalters, der Renaissance und des Barock.

Die Küste zählt zu den am längsten besiedelten Gebieten Europas. In Höhlen bei Ventimiglia hat man Menschenknochen gefunden, deren Alter auf 250 000 Jahre geschätzt wird. Einige Wanderungen dieses Buchs führen zu prähistorischen Siedlungsplätzen: der Kultstätte am Monte Carmo di Brocchi (Tour 6), den Grotten von Toirano (Tour 13), den frühgeschichtlichen Höhlen und Steinzeichnungen bei Finale Ligure (Touren 15 und 16).

In der Römerzeit war Ligurien vor allem als Durchgangsregion wichtig. Es wurde von der Via Aurelia durchzogen, der wichtigen Verbindung von Rom über Südfrankreich nach Spanien. Überreste alter Römerstraßen finden sich bei Sestri Levante (Tour 27) und vor allem im Ponci-Tal, dem »Tal der Brücken« im Hinterland von Finale Ligure. Hier wandert man auf der Trasse der einst bedeutenden Via Iulia Augusta und überquert einige noch gut erhaltene Römerbrücken (Tour 17).

Geschichte und Kunst am Wege

Am Ende der Römerzeit begann die Christianisierung des Gebiets. Einige der wenigen erhaltenen frühchristlichen Kirchen Liguriens sieht man in Portovenere (Tour 32) und Noli.

Mit der Ausweitung des Seehandels im Mittelalter erfuhr die Region eine historische Blütezeit. Genua entwickelte sich damals zu einer der bedeutendsten Städte Italiens, aber auch kleinere Orte wie Savona, Noli, Albenga, Ventimiglia und Porto Maurizio nahmen am wirtschaftlichen und kulturellen Aufschwung teil. Viele von ihnen gewannen als Stadtrepubliken zeitweilig die völlige Unabhängigkeit. Damals bildeten sich die mittelalterlichen Ortsanlagen heraus, die im Wesentlichen bis heute erhalten geblieben sind. Überall im Lande entstanden Sakral- und Festungsbauten. In Portovenere beispielsweise drängen sich die Häuser des kompakten mittelalterlichen Ortskerns, von einer großen Burg überragt, an einen steil abfallenden Hang. Die mehrstöckigen Fassaden am Hafen strahlen vielfarbig im Licht – ästhetisch perfekt wie für die Kalenderfotos geschaffen (Tour 32). Auch Camoglis Anblick mit den hohen farbigen Häusern wirkt wie ein Postkartenbild (Touren 21 und 22). Weltberühmt sind die geschlossenen Ortsbilder von Portofino und den Dörfern der Cinque Terre (Touren 21, 22, 29–32). An der Riviera di Ponente gelangt man auf Wandertouren ebenfalls immer wieder in schöne, meist weniger berühmte alte Dörfer und Kleinstädte: nach Rocchetta Nervina und Montalto Ligure in der Nähe der französischen Grenze (Touren 2 und 5), in die Festungsorte Castelvecchio di Rocca Barbena und Zuccarello (Tour 12), in das Fischerdorf Varigotti (Tour 17) sowie nach Finalborgo, dessen historisches Ensemble im 15. Jh. entstand und das mit seinen gut erhaltenen Stadtmauern, Toren, schönen Plätzen und blumengeschmückten Gassen einen besonders einladenden Eindruck macht (Tour 15).

Viele dieser Orte haben bemerkenswerte gotische oder romanische Kirchen, in einigen stehen imposante, meist in späterer Zeit noch umgebaute Burgen, wie das Castel Gavone bei Finale Ligure (Tour 15), die Kastelle von Zuccarello und Castelvecchio di Rocca Barbena (Tour 12), Portovenere (Tour 32) und Lerici (Tour 34). Im Hinterland von Finale Ligure findet man mit dem Castel Gavone und den Kirchen Sant'Eusebio und Nostra Signora di Loreto bedeutende Zeugnisse aus Renaissance und Barock (Tour 15).

Ein historisches Monument besonderer Art sind die Festungsanlagen, die Genua in einem großen Bogen umgeben. Sie wurden im 19. Jh. auf den Grundmauern älterer Befestigungen errichtet, die sich als unzureichend für die Verteidigung der Stadt erwiesen hatten. Die Wanderung auf den Hügeln oberhalb der Großstadt führt in die unmittelbare Nähe dieser imposanten Bauten, die man gewöhnlich nur aus der Ferne erblickt (Tour 19).

Natur und Kunst bilden auf den ligurischen Wanderungen häufig eine Einheit. Nähert man sich den Kunstwerken im Fußgängertempo, so erfährt man sie in dem langsamen Rhythmus, in dem auch die Menschen vergangener Epochen sie erlebten.

Tour 1

Über dem Tal der Roia

Von Breil-sur-Roya nach Airole

Nördlich der Grenzstadt Ventimiglia durchfließt die Roia die allerletzten Ausläufer der Seealpen. Die Wanderung, im ersten Teil auf französischem Gebiet, folgt auf alten Maultierpfaden dem Lauf des Gebirgsflusses zwischen Pinienwäldern und Ölbaumterrassen.

DIE WANDERUNG IN KÜRZE

Anspruch: ++

Gehzeit: 4.30 Std.

Länge: 13 km

Charakter: Nicht allzu anstrengende Wanderung auf Maultierpfaden durch mediterranes Bergland; ca. 30 Min. auf Nebenstraßen fast ohne Verkehr. Einfache Orientierung (Markierung: gelber Balken)

Wanderkarte: Multigraphic, Carta dei Sentieri e Rifugi, »Alpi Marittime e Liguri«, Nr. 113/114, 1 : 25 000

Einkehrmöglichkeit: Ristorante in Fanghetto (etwas übertuert)

Anfahrt: Mit dem Zug auf der Nebenlinie Ventimiglia–Airole–Breil–Limone. Abfahrt ab Airole nach Breil tägl. um 8.30, 9.21, 12.18, 14.02, 18.10, 20.10 Uhr; sonn- und feiertags zusätzlich um 11.04 Uhr (Fahrplan 2009); Abfahrtszeiten ab Ventimiglia ca. 15 Min. früher, bei Einstieg in Airole Fahrkartenverkauf im Zug. Beim Kauf einer Fahrkarte nach Breil am Schalter in Ventimiglia wird ein übertuerter internationaler Tarif angewandt. Es ist preiswerter, am italienischen Schalter bis Limone Piemonte zu lösen! Züge Airole–Ventimiglia tägl. um 14.56, 18.58, 20.07, 20.48 Uhr; sonn- und feiertags auch 17.06 Uhr; www.bahn.de.

Hinweis: Pass oder Personalausweis mitnehmen!

Vom Bahnhof von **Breil-sur-Roya** 1 folgen wir der Hauptstraße nach rechts; sie überquert nach 300 m die Roya und erreicht das alte Ortszentrum, das wir auf der links abzweigenden engen Rue Pasteur ganz

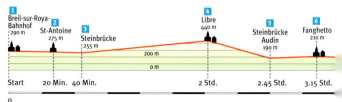

16

Von Breil-sur-Roya nach Airole

Verlassenes Gehöft im Tal der Roia

durchqueren; auf halbem Wege lohnt ein kurzer Abstecher nach rechts zur Barockkirche Sancta Maria in Albis. Beim Ende des alten Ortskerns wenden wir uns nach links auf die Rue S. Marius, gehen am Roya-Sperrwerk vorbei zum ehemaligen Waschhaus, nehmen dahinter einen zwischen einer Mauer und den letzten Häusern des Ortes verlaufenden Weg (Chemin des Remparts). Er steigt nach 100 m kurz zu einem Querweg an, dem wir nach rechts folgen (Hinweis nach Airole/Fanghetto, Markierung: gelber Balken). Der gepflasterte alte Maultierpfad senkt sich etwas zur Roya, führt bald links an der **Kapelle Saint-Antoine** 2 vorbei, dahinter durch den mittelalterlichen Torbogen **Porte d'Italie** (20 Min.), um dann anzusteigen. Einen Abzweig nach links bei einem Gebetswinkel ignorieren wir. Danach führt der Pfad kurz abwärts in ein Seitental, wo wir auf einer alten Steinbrücke 3 einen Bach überqueren, der hier einige Felsbecken durchfließt (40 Min.).

Danach geht es in Kehren kräftig hergan. Auf der Höhe treffen wir auf einen Fahrweg (1 Std.), auf dem wir nach rechts mit Blick ins Royatal weiterwandern. Der Weg passiert einige Häuser, beginnt sich kurz danach stärker zu senken (1.15 Std.). An diesem Punkt schlagen wir den nach links abzweigenden Wanderpfad

4.30 Std.

13 km

Tour 1

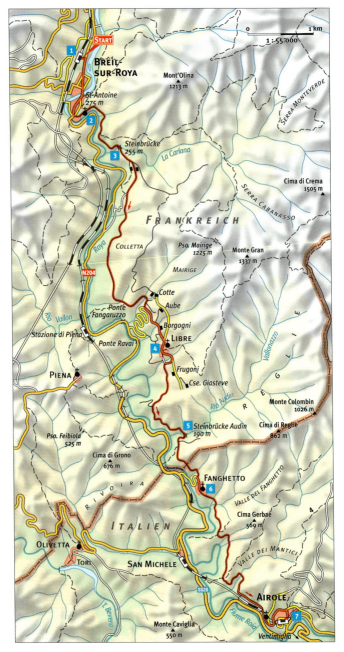

ein, der bald hoch am Hang verläuft. Auf der anderen Talseite wird das Bergdorf Piene Haute (Piena) sichtbar, später in Wegrichtung der Kirchturm von Libre. Der Pfad führt um eine Geländenase herum und senkt sich an Felsen entlang zwischen Kiefern und Ölbaumterrassen östlich in ein Seitental, beschreibt hier einen Rechtsbogen und trifft auf ein Sträßchen. Auf ihm geht es zum Weiler **Libre** (Libri) `4` hinauf (2 Std.).

Beim Kirchplatz halten wir uns links, folgen noch 300 m dem Sträßchen bis hinter eine Rechtskurve, wo wir einen rechts abzweigenden Fahrweg einschlagen. Er führt kurz durch eine Olivenpflanzung bergab zu einer Einmündung eines breiten Weges von rechts, wo wir einen geradeaus steiler absteigenden, steinigen Pfad einschlagen. Dieser senkt sich am Hang verlaufend Richtung Roya. Einen Rechtsabzweig beachten wir nicht und steigen nach links (südöstlich) ins Tal des Audin ab. Auf einer alten **Steinbrücke** `5` überqueren wir den Gebirgsbach (2.45 Std.). Danach steigt der Pfad wieder etwas an, passiert später einen Olivenhain mit alten Scheunen, dahinter die Staatsgrenze. Kurz darauf wird das kleine alte Bergdorf **Fanghetto** `6` sichtbar, das man auf dem Zufahrtssträßchen erreicht (3.15 Std.).

Durch einen Bogen betreten wir den winzigen Ortskern, nehmen links die kurz ansteigende Pflastergasse Via Corridoio, verlassen den Ort durch einen weiteren Torbogen, um dahinter einem sich ins Roiatal senkenden Pfad zu folgen. Bei einer Gabelung 30 m unterhalb einer größeren Ruine gehen wir links. (Der rechte Pfad würde nach 5 Min. am Flussufer enden.) Unsere Route folgt nun einem schönen alten Saumpfad

am Hang über der Roia. Wir kreuzen einen weiteren Seitenbach, wandern nach kurzem Zwischenanstieg durch Pinienwald und Ölbaumpflanzungen oberhalb des gewundenen Flusslaufes. Bei einigen zwischen Terrassengärten gelegenen Bauernhäusern (4.15 Std.) durchqueren wir im Rechtsbogen ein weiteres Seitental, steigen kurz zu einem Fahrweg an. Auf ihm geradeaus gehend, gelangen wir zuletzt auf Asphalt zur großen Kirche am Ortsrand von Airole, von wo ein Sträßchen zum nahen Ortskern führt. Eine »Stazione« beschilderte Gasse führt von der Hauptpiazza nach rechts bergab zu dem am Rand des Ortskerns zwischen zwei Tunneln gelegenen Bahnhaltepunkt **Airole** `7` (4.30 Std.).

Breil-sur-Roya

Die gut 2000 Einwohner zählende Kleinstadt erstreckt sich mit ihrem alten Zentrum von steilen Bergen eingerahmt am Ufer der Roya, die hier bei einer Staustufe ausnahmsweise ruhig dahinfließt. Bis 1860 gehörte der Ort wie die gesamte Grenzregion zum italienischen Staat Piemont-Savoyen. Zur Zeit der Maultiertransporte war Breil eine wichtige Etappe auf dem Handelsweg über den Tenda-Pass nach Turin, auf dem vor allem Salz transportiert wurde. Die ehemalige Bedeutung des Ortes wird noch in der großen Barockkirche Sancta Maria in Albis sichtbar. Im Innenraum sind u. a. das geschnitzte Orgelgehäuse (17. Jh.) sowie der um 1500 geschaffene Petrusaltar bemerkenswert. Lange Zeit war die Olivenölproduktion der wichtigste Erwerbszweig der von mildem Klima begünstigten Kleinstadt.

Tour 2

Wildbäche und Lavendelhöhen

Bei Rocchetta Nervina

Vom verschachtelten Bergdorf Rocchetta Nervina geht es durch dichten Wald hinauf auf den kargen Grenzkamm zwischen Valle Roia und Valle Nervia. Der Rückweg führt auf altem Maultierpfad hinab ins idyllische Engtal des Gebirgsbachs Torrente Barbaira.

DIE WANDERUNG IN KÜRZE

++
Anspruch

5.30 Std.
Gehzeit

900 m
An-/Abstieg

Charakter: Trotz der beträchtlichen Anstiegsleistung nicht übermäßig anstrengende Wanderung; überwiegend auf alten Maultierpfaden, kurze Stücke auf Asphalt bzw. auf einer alten Militärpiste; vor allem im ersten Teil (bis 3 Std.) ist bei der Orientierung Aufmerksamkeit erforderlich.

Wanderkarte: Multigraphic, Carta dei Sentieri e Rifugi, »Alpi Marittime e Liguri«, Nr. 113/114, 1 : 25 000

Einkehrmöglichkeiten: Unterwegs keine

Anfahrt: Von Ventimiglia mit dem **Pkw** auf Nebenstraße über Dolceacqua (16 km); werktags 3, sonn- und feiertags 2 **Busse** zwischen Ventimiglia und Rocchetta Nervina; Fahrplan: www.rivieratrasporti.it

Vom Wendeplatz vor der alten Flussbrücke von **Rocchetta Nervina** 1 geht es 50 m auf der Hauptstraße abwärts, dann auf der Höhe von Post und Rathaus (Municipio) in die leicht rechts abzweigende Nebenstraße, die in südliche Richtung ansteigt. Wir bleiben eine Weile auf dem Sträßchen, das später im Linksbogen durch ein Tal führt, etwas schmaler wird und schließlich die Einmündung eines links vom Albergo Lago Bin hochkommenden Sträßchens erreicht (25 Min.). Wir folgen geradeaus dem Hinweis »Sella due Abelli/Airole«, schlagen 20 m

20

Bei Rocchetta Nervina

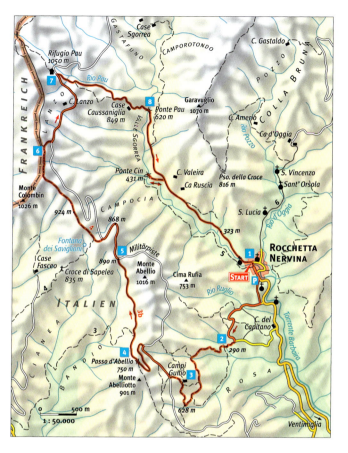

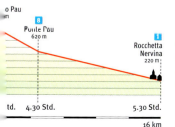

weiter einen links abzweigenden, anfangs ebenen Weg durch die Olivenhaine ein (verblichene Markierung: rot-weißer Doppelbalken). Der Weg senkt sich nach etwa 100 m rechts in ein Tal, beschreibt hier eine scharfe Linkskurve auf ein verdecktes Haus **2** (30 Min.) zu. Im Kurvenscheitel schlagen wir einen geradeaus abzweigenden Pfad ein.

Dieser führt nach 50 m mit einer Linksbiegung durch einen Bachgraben und beginnt anzusteigen. Bei der Gabelung nach 100 m Anstieg biegen wir scharf nach rechts, nehmen bei einer undeutlichen Verzweigung wenige Minuten später den geradeaus ansteigenden Pfad. Im

Tour 2

Schatten von Kiefern und Steineichen gewinnen wir auf dem jetzt
verlässlich rot-weiß markierten Ser-
pentinenpfad stetig an Höhe. Nach
einem Wegstück im Linksbogen am
offenen Südhang mit Blick auf die
Waldhänge durchwandern wir einen
schattigen Buschwaldtunnel. Vor einer **Hausruine** bei einem Bachgraben (1 Std.) wendet sich der Pfad
in mehr südliche Richtung, verläuft
nochmals für 10 Min. im Dunkel
eines mediterranen Waldes. Etwa
100 m nach dessen Verlassen wenden wir uns mit der rot-weißen Markierung scharf nach rechts (nördlich)
auf einen abzweigenden Pfad (1.15
Std.); im Herbst leuchten die roten
und gelben Früchte der hier zahl-
reich wachsenden Erdbeerbaum-
sträucher *(Arbutus unedo)*. Der Pfad
durchquert in nördliche Richtung
eben verlaufend nochmals ein Waldstück, erreicht dahinter die offenen
Hänge der **Campi Gunio** 3 mit der
Ruine eines großen Anwesens.

Auf Höhe der Ruine biegen wir
nach links auf einen steilen Pfad, der
in kurzen Serpentinen westlich den
kargen Hang hinaufsteigt und bald
auf einen breiten Fahrweg trifft
(1.30 Std.). Dies ist die in der Mus-
solini-Zeit angelegte ehemalige Militärpiste, die von Ventimiglia aus
knapp unterhalb des Grenzkamms
zu Frankreich weit hinauf ins Gebirge führt. Wir folgen ihr gut 10 Min.
nach rechts bis in eine ausgeprägte
Rechtskurve. Unmittelbar dahinter
geht es nach links auf einen gepflasterten Weg, den wir mit der
rot-weißen Markierung nach 100 m
scharf nach rechts verlassen, um auf
einem Pfad nordwestlich zum **Passo
d'Abellio** 4 hinaufzusteigen (1.50
Std.); schöner Blick ins Roiatal und
zu den Seealpen. Vom Pass folgen
wir rechts der Beschilderung »Rifu-

gio Pau« und einem an der Westseite des Monte Abellio entlang führenden Pfad. Zuletzt wieder ansteigend gelangen wir zu einer niedrigen
Passhöhe nordöstlich des Monte
Abellio. 50 m nach rechts absteigend
treffen wir erneut auf die ehemalige
Militärpiste, der wir nun 10 Min. nach
links leicht bergan folgen.

Der Weg passiert ein lang ge-
strecktes Gebäude, beschreibt eine
deutliche Linkskurve und führt nach
einer langen Geraden in eine ausgeprägte Rechtskurve 5 (2.30 Std.).
Statt hier weiter der Piste zu folgen,
steigen wir nach links 30 m die Böschung hoch, ignorieren einen links
Richtung Airole führenden rot-weiß
markierten Abzweig, nehmen leicht
rechts den schmalen Pfad, der nordwestlich den mit dürrem Kiefernwald
bewachsenen Hang hinaufleitet (ohne Markierung). Ein Steinhäuschen
mit weißem Schornstein wird 50 m
rechter Hand passiert. Mit kräftigem
Anstieg erklimmen wir einen flachen
Höhenrücken, den wir auf einer Wegspur nach Norden überqueren, um
dann leicht links auf schmalem Pfad
den folgenden Steilhang hinaufzusteigen. Rechts am Grenzstein zu
Frankreich vorbei gelangen wir auf
eine kleine mit Ginster und Lavendel
bewachsene **Hochfläche** 6, die weite Ausblicke in die Bergwelt der Seealpen eröffnet. Wir durchqueren die
Ebene zu ihrem nördlichen Ende,
durchwandern einen schattigen Kie-
fernhain, hinter dem wir auf einen
breiteren Querweg treffen (3 Std.).

Wir biegen nach rechts (kurz rot-
weiße Markierung), steigen 5 Min.
durch Wald den Hang hinunter und
treffen erneut auf den Militärweg.
Wir biegen nach links, passieren
auf dem breiten Weg ein hell gestri-
chenes Gebäude und kurz danach
zwei bunkerartige Bauten, die heu-

Bei Rocchetta Nervina

Bei Rocchetta Nervina

te als Viehstall genutzt werden. Schließlich wird links oberhalb des Weges die nicht bewirtschaftete Schutzhütte **Rifugio Pau** 7 (3.30 Std.) sichtbar.

Gegenüber dem Abzweig der Zufahrt zum Rifugio biegen wir nach rechts auf einen absteigenden Pfad, folgen dem Hinweis »Rocchetta Nervina 1.30 h« (Markierung: gelber Balken). Gut 5 Min. später dürfen wir den leicht zu übersehenden Abzweig nach links nicht verpassen. Auf nun steilerem Pfad geht es im Buchenwald parallel zu einem Bacheinschnitt linker Hand stetig in südöstliche Richtung bergab. Nach rechts (Süden) biegend trifft unser Pfad, immer bergab führend, schließlich auf die überwucherten Terrassen der verfallenen **Case Caussaniglia** (4 Std.). Unmittelbar bei den Ruinen wenden wir uns nach links, um den alten Maultierpfad aufzunehmen. Mal im Wald, mal am offenen Hang verlaufend, steigt er in Kurven weiter zu Tal; schöne Blicke ins Valle Barbaira und zur grünen Pyramide des Monte Abellio. Schließlich erreichen wir den Talgrund, wo wir den Wildbach Torrente Barbaira auf der gut erhaltenen mittelalterlichen Steinbrücke **Ponte Pau** 8 überqueren (4.30 Std.). Der Maultierpfad folgt nun hoch am Hang dem Lauf des Torrente Barbaira in einem tief eingeschnittenen Tal nach Süden. Gut 15 Min. nach der Ponte Pau zweigt ein schmaler Pfad scharf nach rechts ab; er führt auf einem Abstecher zu schönen Rast- und Badeplätzen am Bach bei der mittelalterlichen Brückenruine **Ponte Cin** (20 Min. hin und zurück).

Der Hauptpfad bleibt auf dem linken Ufer. Erste Olivenbäume zeigen bald an, dass wir uns mediterranen Gefilden nähern. Der stellenweise noch gepflasterte Maultierweg passiert schließlich das Kirchlein Santo Stefano und erreicht wenige Minuten später die ersten Häuser von **Rocchetta Nervina** 1 (5.30 Std. inkl. Abstecher zur Ponte Cin). Über die alte Flussbrücke gelangen wir zurück zum Ausgangspunkt.

23

Tour 3

Kühne Pfade in steilem Fels

Auf dem Sentiero degli Alpini

Mit hellen Kalksteinfelsen erheben sich die Zwillingsgipfel Monte Pietravecchia und Monte Toraggio über den Tälern von Roia, Nervia und Argentina. Die Wanderung folgt dem abenteuerlichen »Sentiero degli Alpini«, den die italienischen Gebirgsjäger, die Alpini, 1936/38 in die steile Ostflanke des Bergstocks sprengten.

DIE WANDERUNG IN KÜRZE

+++ Anspruch

5.30 Std. Gehzeit

15 km Länge

Charakter: Spektakuläre Gebirgswanderung, meist auf gut zu gehenden Bergpfaden, allerdings teils ungesichert unmittelbar am Rande senkrecht abfallender Felskanten; deshalb **nur für trittsichere und absolut schwindelfreie Wanderer!** Meist ist der Sentiero breit genug für gefahrloses Gehen, über einige Abschnitte helfen Halteseile hinweg. Im Frühjahr können Schnee- und Eisreste die Passage erschweren, dann sollte man den Weg nicht gehen; mit Kindern wegen der jähen Steilabbrüche besonders vorsichtig sein! Einfache Orientierung; in der zweiten Hälfte rot-weiße Markierungen (Alta Via).

Wanderkarte: Französische IGN-Sonderkarte, Alpes sans Frontières, »Moyenne Roya/Val Nervia e Argentina«, 1 : 25 000

Einkehrmöglichkeit: Bar, Mittag- und Abendessen, Unterkunft im Rifugio Allavena, 18037 Pigna, Tel. 01 84 24 11 55

Anfahrt: Ausgangspunkt ist die Berghütte Allavena am Melosa-Pass beim Ende der Asphaltstraße, die vom Pass Colla Langan westlich ansteigt. Zur Colla Langan mit dem **Pkw** von Ventimiglia über Pigna im Nervia-Tal oder von San Remo über Molini di Triora im Argentina-Tal. **Busse** fahren nur bis Molini di Triora (Linie San Remo–Triora).

Auf dem Sentiero degli Alpini

Beim **Rifugio Allavena** 1 nehmen wir links der bergan führenden Asphaltstraße den rot-weiß markierten grasigen Weg (Hinweis »Buggio per Valle Tana«). Er steigt im Linksbogen am Rande eines Lärchenwaldes an. Bei einem Aussichtspunkt (10 Min.) führt der markierte Pfad nach links abwärts, wir nehmen jedoch den rechts (nördlich) bergwärts führenden breiten Grasweg, der in gut 5 Min. auf die vom Rifugio Allavena kommende Piste trifft. Wir folgen ihr nach links, ignorieren gleich den beschilderten Linksabzweig des »Sentiero Innamorati«. In der folgenden scharfen Rechtskehre (30 Min.) nehmen wir einen geradeaus abzweigenden, links an einer Mauer entlang führenden schmalen Pfad. Dieser beschreibt einen Linksbogen hoch am Hang, passiert dabei eine mit Drahtseil gesicherte Felspassage, die etwas Trittsicherheit verlangt, und trifft nach gut 10 Min. ansteigend auf einen etwas breiteren, besser ausgeprägten Waldpfad (45 Min.).

Wir wenden uns nach links abwärts, folgen dem Hinweis »Gola d'Incisa«. Wir sind jetzt auf dem **Sentiero degli Alpini** 2, der bald den Wald verlässt, um hoch am Hang unter Steilfelsen und unmittelbar am Rande senkrechter Felsabbrüche zu verlaufen. Wir passieren die **Fonte San Martino** (1.15 Std.), eine Felsquelle unter senkrechten Wänden. Danach führt der Weg durch einen

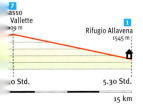

25

Tour 3

kurzen Tunnel und über eine ausgesetzte Felsbastion mit schönen Tief- und Fernblicken, senkt sich dann mit einigen Bögen in mehr westliche Richtung. Ein kurzer Abschnitt verläuft in einer in den anstehenden Fels geschnittenen Galerie **3**. Mit steilen Serpentinen geht es schließlich ca. 20 Min. steil bergan bis 50 m unterhalb des Einschnitts zwischen Monte Pietravecchia und Monte Toraggio, der **Gola d'Incisa** **4** (2.15 Std.). Geradeaus ganz zum Passscheitel ansteigend träfe man nach drei Minuten auf den an der Westseite der Berge verlaufenden Pfad, unseren späteren Rückweg.

Bei der Gola d'Incisa endet der spektakulärste Abschnitt des Sentiero degli Alpini; wegen der schönen Ausblicke ist es jedoch unbedingt lohnend, auch noch die Schleife südlich um den Monte Toraggio herum abzuwandern. Dazu wenden wir uns auf den nach links abzweigenden Pfad, der hoch über dem Tal an der Ostflanke des Bergrückens verläuft. Der Weg steigt etwas an, passiert nochmals einige durch Halteseile gesicherte Steilabbrüche. Im Rechtsbogen geht es schließlich um die Südostflanke des Monte Toraggio herum. Leicht absteigend treffen wir schließlich auf den durch rot-weiße Doppelbalken markierten, an der Westseite der Berge verlaufenden Fernwanderweg **Alta Via** **5** (3 Std.).

Wir folgen der Alta Via nach rechts; mit zwei weit ausholenden Kehren zieht sie sich die fast baumlose Südflanke des Monte Toraggio hinauf. Auf den Bergwiesen weiden manchmal halbwilde Pferde. Beim Ende des Anstiegs gelangen wir in die schmale Einkerbung des Grenzpasses **Passo di Fonte Dragurina** **6** (3.30 Std.), von wo sich ein weiter Ausblick über das wild-einsame Val-

lon de la Bendola zu den französischen Seealpen bietet. Wir halten uns rechts, ignorieren einen markierten Rechtsabzweig Richtung Monte Toraggio, bleiben links von einigen Felsen, um gleich nochmals ein kurzes, durch Halteseil gesichertes ausgesetztes Wegstück zu passieren. Danach senkt sich die Alta Via auf schönem Pfad im Rechtsbogen, z. T. durch Wald, in die Westflanke des Monte Toraggio. Die Steilkanten des Monte Pietravecchia rücken ins Blickfeld. Schließlich gelangen wir erneut zum Einschnitt der **Gola d'Incisa** **4** (4 Std.).

Wir bleiben auf der Westseite der Berge, steigen auf anfangs steinigem Pfad nordwestlich die Flanke des Monte Pietravecchia zu einem Wiesengrat hinauf, wo sich der Weg mit einer scharfen Rechtskehre nach Nordosten wendet. Auf etwas breiterem Waldweg gewinnen wir stetig Höhe, gelangen schließlich auf den Grasrücken beim **Passo della Vallette** **7** (4.30 Std.).

Auf der Höhe wenden wir uns scharf nach rechts (südlich), verlassen die Alta Via, biegen 50 m weiter nach links auf eine südöstlich vom Grat absteigende Fahrspur. In der folgenden scharfen Linkskurve schlagen wir den geradeaus abzweigenden Pfad ein, folgen dem Hinweis »Colla Melosa«. Der Pfad senkt sich gut 5 Min. südöstlich auf einen offenen Rücken mit einer Ruine, wendet sich hier scharf nach links, um 3 Min. später auf einen Fahrweg zuzulaufen, der absteigend eine scharfe Linkskurve beschreibt. Ca. 30 m vor dieser zweigen wir nach rechts auf einen abschüssigen Pfad (Schild »Fontana Eritrea/Sentiero degli Alpini«), der gleich am gemauerten Brunnen **Fontana Eritrea** vorbeiführt. Unser Pfad senkt sich ca. 300 m in süd-

Auf dem Sentiero degli Alpini

Auf dem Sentiero degli Alpini

östliche Richtung, biegt dann scharf nach links (nördlich), um nach weiteren 300 m Abstieg im Wald eine scharfe Rechtsbiegung zu beschreiben, wo wir auf den Hinweg treffen (5 Std.). Diesem folgen wir zurück zum Ausgangspunkt Rifugio Allavena 1 beim Pass **Colla Melosa** (5.30 Std.).

27

Tour 4

Auf dem Dach Liguriens

Von Verdeggia auf den Monte Saccarello

Mit langem Anstieg, anfänglich durch Eichen-, Kiefern- und Lärchenwald, später über offene Grashänge, erklimmen wir den höchsten Berg Liguriens, eine Aussichtskanzel mit prächtiger Rundumsicht. Im Frühsommer leuchten Alpenrosen und Ginster am Wege, im Herbst setzt der sich rostbraun färbende Lärchenwald Akzente.

DIE WANDERUNG IN KÜRZE

+++
Anspruch

7 Std.
Gehzeit

1200 m
An-/Abstieg

Charakter: Lange, anspruchsvolle Gebirgswanderung; trotz insgesamt ca. 1200 Höhenmeter auch für den geübten Normalwanderer zu bewältigen, da die Anstiege gut verteilt sind. Überwiegend einfache Orientierung auf markierten Wegen.

Wanderkarte: Französische IGN-Sonderkarte, Alpes sans Frontières, »Moyenne Roya/Val Nervia e Argentina«, 1 : 25 000

Einkehrmöglichkeit: Bodenständige Trattoria/Bar Ca' da Rocca in Realdo (Mo/Di geschl.), Tel. 0 18 49 41 41

Anfahrt: Mit dem **Pkw**; Verdeggia liegt 10 km nördlich von Triora. Keine öffentlichen Verkehrsmittel.

Der Weg beginnt am Rande des alten Ortskerns von **Verdeggia** 1, vor der Bachbrücke, wo die von Triora kommende Straße mit einem Wendeplatz endet. Ein Schild weist auf den scharf nach rechts abzweigenden, südöstlich ansteigenden alten Pfad zum Passo della Guardia (vereinzelt Markierung gelb-roter Doppelbalken). Wir folgen diesem stellenweise noch steingepflasterten Maultierweg ins Gebirge. Nach gut 5 Min. folgt ein

Von Verdeggia auf den Monte Saccarello

kurzer Zwischenabstieg über einen Bach hinweg. Wieder ansteigend wird ein Gebetswinkel mit Madonnenfigur (20 Min.) passiert. Auf nicht allzu steilem Waldweg gewinnen wir stetig an Höhe, erreichen schließlich einen Sattel bei den Ruinen der Häusergruppe **Case di Quin 2** (40 Min.).

Der Pfad biegt hier nach links in östliche Richtung, verläuft ganz leicht absteigend auf einer grasigen Hangterrasse. Ein Waldsaum wird durchquert, und knapp 10 Min. nach den Case di Quin ist die Ruine **Case Barbone 3** erreicht. Unmittelbar dahinter wenden wir uns auf einen leicht links ansteigenden grasüberwachsenen Pfad. Dieser wird schnell deutlicher, verläuft zunächst in nördliche Richtung ansteigend durch lichten Wald mit Blick auf einen aus der Flanke des Monte Saccarello hervorspringenden mächtigen Felsklotz. Etwa 5 Min. nach den Case Barbone wendet sich unser Pfad in mehr östliche Richtung. Teils im Wald, teils durch offenes Gelände mit Blick auf die kahlen Hänge des Monte Fronte ansteigend, gewinnen wir weiter an Höhe. Wir kreuzen zwei Bäche kurz darauf im Wald ansteigend die von Triora kommende Erdpiste. Wir folgen ihr nach links bergan zu einer Gabelung beim

Passo della Guardia 4 (1.20 Std.), wo wir scharf nach rechts auf den nach Monesi beschilderten breiten Fahrweg einbiegen.

Etwa 100 m weiter zweigen wir nach links auf einen anfangs einige Meter auf einer Mauerung verlaufenden Pfad ab (kleines Schild zum Passo Garlenda). Wir folgen nun für eine gute Stunde dem mit Kehren und Serpentinen den steilen Südhang hinaufführenden Pfad. Die alte, geschickt in das Gelände eingepasste Wegverbindung ist nirgendwo übermäßig steil, da auch beladene Maultiere die Steigung nehmen mussten. Anfangs beschatten Kiefern, Tannen und Lärchen den Pfad. Weiter oben wird das Gelände offener. Nach gut der Hälfte des Anstiegs mündet von rechts ein gelb markierter Pfad ein, wir folgen links der Anstiegsroute (2.10 Std.). Durch Wiesengelände erreichen wir beim **Passo Garlenda 5** (2.40 Std.) die Kammlinie des Bergzugs zwischen Monte Fronte im Osten und Monte Saccarello im Westen. Nach Norden bietet sich ein weiter Ausblick zu den Seealpen.

Wir biegen nach links, folgen dem Hinweis zum Monte Saccarello und den rot-weißen Markierungen des ligurischen Fernwanderwegs Alta Via. Für eine gute Stunde wandern wir nun mit schöner Fernsicht auf dem kahlen Bergkamm, passieren 20 Min. nach dem Passo Garlenda die meist verschlossene Schutzhütte **Rifugio San Remo.** Nach einem kurzen Zwischenanstieg gelangen wir zur Passhöhe **Sella della Valletta 6** (3.20 Std.). Von hier geht es für 15 Min. steil bergan auf den Ostgipfel des Monte Saccarello mit der 5,60 m hohen Christusstatue des **Redentore 7**. Über die flachere Nordflanke

Auf dem Monte Saccarello ›

Tour 4

Von Verdeggia auf den Monte Saccarello

Tour 4

kommt ein Fahrweg herauf. Wir folgen ihm etwa 5 Min. nordwestlich in eine scharfe Linkskurve, steigen dann auf einem Abstecher kurz vom Hauptweg weg zum flachen Westgipfel des **Monte Saccarello** 8 (3.50 Std.) an, auf dem eine weiße Steinstele steht. Vom höchsten Punkt Liguriens bieten sich Ausblicke zu den Südalpen mit dem über 3800 m hohen Monviso.

Zurück bei der Fahrwegkurve, folgen wir dem nördlich abzweigenden Pfad, der sich nach 100 m scharf nach links wendet (Hinweis »Pas de Collardente, Baisse de Sanson«, weiter rot-weiße Markierungen der Alta Via, zusätzlich gelber Balken). Wir folgen dem an der steilen Westflanke des Monte Saccarello verlaufenden Gebirgspfad, der sich mit herrlichen Fernblicken nach Süden senkt. Der nicht zu verfehlende schmale Weg beschreibt durch felsiges Terrain einige Bögen, passiert später eine große Hangwiese, durchquert danach kurz steiler absteigend einen Nadelwald. Auf einer beginnenden breiteren Wegspur treffen wir in wenigen Minuten schließlich auf einen

Von Verdeggia auf den Monte Saccarello

Wir kreuzen diesen, folgen dem gegenüber talwärts führenden Pfad (Markierung: rot-weißer Doppelbalken; Hinweis »San Antonio/Realdo«). Der schmale Pfad, ein alter Maultierweg, senkt sich, teils im Wald, teils am offenen Hang verlaufend, nach Südosten. Schließlich erreichen wir bei der Kirche **San Antonio** 10 (5.45 Std.) eine schmale Asphaltstraße. Wir folgen ihr 50 m nach links in eine Rechtskurve, wo wir geradeaus absteigend einen breiten, steinigen Weg mit Kreuzwegstationen einschlagen (Markierung: gelb-roter senkrechter Doppelbalken). Dieser geht nach 5 Min. wieder in den alten Maultierweg über, der in weiteren 10 Min. die ersten Häuser von **Realdo** 11 erreicht (6 Std.). Die Häuser des kleinen Ortes drängen sich am Rande eines Felsplateaus. Wir verlassen Realdo nach Norden auf der Straße nach Triora. Nach ca. 500 m aufpassen, um den links abzweigenden Pfad nicht zu verpassen (»Verdeggia«; rot-weiße Markierung). Er steigt kurz den Hang hinauf, wendet sich nach rechts, kreuzt einen Bach und trifft auf einen schwarzerdigen Fahrweg. Auf diesem geht es 150 m kräftig bergan bis in eine Linkskehre, wo wir den geradeaus abzweigenden schmaleren Pfad nehmen. Er führt am bewaldeten Osthang nördlich zu den Ruinen der **Case Borma** 12 (6.30 Std.). Sie müssen links oberhalb auf einer Pfadspur umgangen werden, da der alte Pfad für einige Meter weggebrochen ist. Auf bequemem Waldweg geht es wenig später im Rechtsbogen über eine Holzbrücke zu einem alten Steinhaus oberhalb von Verdeggia. Wir gehen nach rechts in gut 5 Min. zu einem Bach hinab, der auf einer Holzbrücke überquert wird. Bald ist **Verdeggia** 1 erreicht (7 Std.).

breiten **Fahrweg** (4.50 Std.), wandern mit den gelben Markierungen weiter auf einem links parallel verlaufenden Waldpfad, der 3 Min. später den Fahrweg kurz berührt und nach weiteren 3 Min. zu ihm zurück führt. Auf dem Fahrweg geht es nun 200 m geradeaus in die Senke des **Passo di Collardente** 9 (5 Std.). Rechts zweigt ein Weg nach Notre Dame des Fontaines ab, wir folgen, die Alta Via verlassend, dem nach links abzweigenden Pfad, der 50 m zu einem breiten Fahrweg hinabführt.

33

Tour 5

Über zwei Flusstälern

Von Carpasio nach Montalto Ligure

Der Weg folgt dem Höhenrücken zwischen den Tälern von Argentina und Carpasina, führt auf alten Maultierwegen durch typisch mediterranes Bauernland mit kleinen Olivenhainen, Gemüsegärten und Weinbergen. Überwucherte Terrassenkulturen und zahllose Ruinen geben Zeugnis von der Landflucht des 20. Jh.

DIE WANDERUNG IN KÜRZE

++
Anspruch

5 Std.
Gehzeit

15 km
Länge

Charakter: Mittelschwere Wanderung überwiegend auf schmalen Wegen und Maultierpfaden, ohne harte Anstiege; vor allem im letzten Drittel ist bei der Orientierung etwas Aufmerksamkeit erforderlich.

Wanderkarte: Französische IGN-Sonderkarte, Alpes sans Frontières, »Moyenne Roya/Val Nervia e Argentina«, 1 : 25 000

Einkehrmöglichkeiten: Einfache Trattoria mit Bar in Glori, Bar/Trattoria in Carpasio (Mo geschl.).

Anfahrt: Bus von Montalto Ligure nach Carpasio (Linie San Remo–Bhf. Taggia–Carpasio); ab Montalto Ligure nach Carpasio Mitte Juni–Mitte Sept. 8.40 (werktags), 9.35 sonn- u. feiertags, 13.05 (w), 14.50 (So), 18.50 (tägl.); übrige Jahreszeit 8.40 (w), 9.35 (So), 13.25 (w), 14.35 (Schultage), 18.50 Uhr (tägl.).
Bus von Montalto Ligure (Haltestelle vor Soldatendenkmal am südl. Altstadtrand) nach San Remo Sommer 14.17 (w), 15.10 (So), 15.27 (So), 15.45 (w), 17.30 (w), 19.22 (tägl.), 20.35 (tägl.); übrige Zeit 15.10 (tägl.), 16.40 (w), 19.21 (tägl.), 20.35 (tägl.); www.rivieratrasporti.it

Kurzvarianten: Man verzichtet auf die anfängliche Wegschleife nördlich Carpasios (1.30 Std. kürzer) oder lässt den Abstecher vom Piana-Pass nach Glori weg (1.20 Std. kürzer).

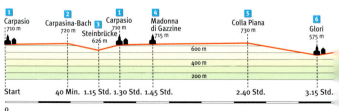

Von Carpasio nach Montalto Ligure

Von der Bar Carpasina beim Ortseingang von **Carpasio** 1 nehmen wir die in den Ort hineinführende Straße, die im Linksbogen zur Piazza Nuova hinter der Hauptkirche führt. Wir überqueren den lang gestreckten Platz (Parkfläche) zu seinem Ende, nehmen hier den geradeaus absteigenden Treppenweg, um nach 50 m die links ansteigende Via Cascine einzuschlagen. Bei den letzten Häusern verengt sich der Weg zu einem schönen Wanderpfad, der anfangs leicht absteigend an Schichtmauern entlang durch terrassierte Hänge führt. Einen undeutlichen Abzweig nach links ignorieren wir (15 Min.), passieren wenige Minuten später einige Ruinen, folgen immer dem Hauptpfad. Nachdem er im Rechtsbogen einen meist trockenen Bachgraben gekreuzt hat, steigt er für 5 Min. in östliche Richtung stärker an. Einen nach rechts abzweigenden schmalen Pfad im Anstieg lassen wir unbeachtet. Mit einigen Serpentinen geht es zwischen Ruinen kurz steil bergan, dahinter eben in nördliche Richtung zwischen Baumruinen. Der Pfad beginnt wieder etwas anzusteigen, rechts unterhalb wird kurz der Carpasina-Bach sichtbar. Bei der folgenden Verzweigung (schwarzes Wasserrohr am Weg) zweigen wir nach rechts auf einen schmalen Waldpfad ab, der schnell zum **Carpasina-Bach** 2 hinabführt (40 Min.).

Wir überqueren den Bach auf Trittsteinen. Auf der anderen Seite folgen wir einem schmalen Pfad nach rechts abwärts parallel zum Wasserlauf und gelangen zu den unscheinbaren **Ruinen von Trunette** (45 Min.), einem verwunschenen Platz im Wald mit knorrigen Bäumen, wo der Carpasina-Bach durch einen Felsspalt im Waldboden fließt und dabei kleine Bassins bildet. Der schmale, aber deutlich ausgeprägte Pfad entfernt sich danach für etwa 5 Min. vom Bach, folgt dann wieder dessen Lauf, stellenweise am Rande des Steilufers (Vorsicht!). Kurze Abstecher führen zu weiteren kleinen Steinbecken im Bachbett. Der Wald lichtet sich allmählich und gibt den Blick auf Carpasio frei, das sich von dieser Seite her als kompaktes mittelalterliches Bergdorf präsentiert. Bei einer überwachsenen alten **Steinbrücke** 3 treffen wir auf einen breiteren Querpfad (1.15 Std.), dem nach rechts über den Bach hinweg gefolgt wird.

Auf dem steingepflasterten Maultierweg wandern wir zurück Richtung Carpasio (Markierung: zwei rote Punkte). Unterhalb des Dorfes kreuzen wir einen Seitenbach, steigen an einem Kirchlein vorbei kurz steiler an, halten uns danach rechts, gehen an den geschlossenen Außenmauern bis hinter ein Schild »Via Sottocase«; ein Durchlass führt in den alten Ortskern von **Carpasio** 1 hinein, den wir zurück zur Bar Carpasina durchqueren (1.30 Std.).

Wir verlassen Carpasio auf der Richtung Colla d'Oggia ansteigenden Straße. Nach 5 Min. folgen wir in scharfer Rechtskurve bei einem Sendemast der geradeaus abzweigenden schmaleren Straße. Sie führt mit schönen Talblicken zur Kirche **Madonna di Gazzine** 4 (1.45 Std.). Hier

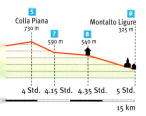

Tour 5

biegen wir auf einen nach rechts absteigenden, zu Beginn neu gepflasterten Weg (Hinweis: »Passegiata Ecologica Carpasio–Glori«). Bei der Gabelung nach 50 m geradeaus. Wir wandern zunächst etwas absteigend, dann mit leichtem Auf und Ab, auf einem schönen alten Pfad an Terrassenmauern entlang, vorbei an zahlreichen Ruinen. Bei einer beschilderten **Verzweigung** (2 Std.) halten wir uns rechts Richtung Glori, kurz darauf wird unten im Tal Montalto Ligure erstmals sichtbar. Der stellenweise grasig überwachsene Maultierpfad verläuft hoch am Westhang über dem Tal des Carpasina-Baches (gelegentliche Markierung: zwei rote Punkte). Nach einem Wegstück im Schatten von Kastanien und Eichen passieren wir eine ehemalige Köhlerstelle mit Rastbank

36

(2.10 Std.). Bei der Gabelung kurz dahinter rechts Richtung Glori weiterwandern. Der Pfad steigt für etwa 5 Min. etwas steiler an, biegt dann nach rechts um die Hügelflanke in mehr westliche Richtung und verläuft mit weiten Ausblicken hoch über dem Tal durch Schwarzkiefernwald und Ginstermacchia in der Südostflanke des Monte Ciazza. Schließlich erreichen wir einen beschilderten Querpfad auf der Passhöhe **Colla Piana** 5 (2.40 Std.).

Für den Abstecher nach Glori nehmen wir den unmarkierten Pfad nach rechts. Er senkt sich, anfangs durch Wald, an der Westseite des Pizzo della Ciazza nach Norden. Nach etwa 15 Min. ab der Colla Piana passieren wir eine eingefasste Quelle rechts des Weges, erblicken wenig später die Häuser von Glori. Nach einem ebenen Wegstück erreichen wir die Wallfahrtskirche (Santuario) **Madonna di Lourdes** (3 Std.), von wo sich ein schöner Blick auf das über dem Argentina-Tal gelegene Bergdorf Glori vor dem Hintergrund des Monte Ceppo bietet. Hinter der Kirche wendet sich der Weg nach rechts in einen Taleinschnitt, den wir im Linksbogen durchwandern, um einem schönen Hangterrassenweg nach **Glori** 6 (3.15 Std.) zu folgen.

Zurück bei der **Colla Piana** 5 (4 Std.), folgen wir dem geradeaus Richtung Montalto absteigenden Pfad (Markierung: zwei rote Punkte). Über roterdig erodierte Hänge geht es in leichtem Linksbogen steiler bergab. Nach einem Waldstück wird ein weiterer Erosionshang bei einem Steinhäuschen passiert. Der Pfad senkt sich von hier durch einen Wald mit knorrigen alten Kastanien und Baumruinen, beschreibt dabei einen Rechtsbogen zu einer Verzweigung 100 m vor einem Bauernhaus. Nach

links geht es in Serpentinen abwärts zu einem Querpfad, der 30 m vor einer Weinterrasse linker Hand erreicht wird 7 (4.15 Std.).

Wir biegen scharf nach rechts. Der ebene Pfad führt nach 150 m links an einem weiteren Weinfeld vorbei, verläuft dann etwas überwachsen am Waldhang. Über eine schmale Wiesenterrasse gelangen wir zur verlassenen, zwischen Ölbaumterrassen gelegenen Häusergruppe **Case Cazzalavo**. Geradeaus, links einer Schichtmauer entlanggehend, treffen wir auf weitere Ruinen, hinter denen sich der Pfad zwischen Olivenbäumen zu einem breiteren Weg senkt. Dieser führt nach rechts zu einigen **Steinhäuschen** 8 (4.35 Std.), geht hier in einen Maultierpfad über. Der gepflasterte alte Weg senkt sich in Serpentinen an Gebetswinkeln vorbei in Richtung Argentina-Tal, kreuzt einen breiteren Weg, führt nun in mehr südliche Richtung durch Olivenhaine an Schichtmauern entlang auf das sichtbare Montalto zu abwärts. Schließlich treffen wir auf die Straße nach Carpasio, auf der wir ins Zentrum von **Montalto Ligure** 9 gelangen (5 Std.).

Montalto Ligure

Das mittelalterlich verwinkelte Dorf liegt reizvoll am Hang über den Tälern von Argentina und Carpasina. Aus dem Ort stammt die Familie des Renaissancemeisters Lodovico Brea, dessen Werkstatt zahlreiche Fresken für die Kirchen im Hinterland von Nizza und San Remo schuf. Von ihm stammt das Polyptychon des hl. Georg (1516) in der Kirche San Giovanni Battista. Beim Friedhof unterhalb der Altstadt steht die Kirche San Giorgio mit Fresken des 14. Jhs.

Tour 6

Weite Horizonte

Von der Colla d'Oggia zum Carmo di Brocchi

Ein Weg der grenzenlosen Ausblicke: über Hangwiesen zum Verbindungskamm zwischen M. Grande, M. Carpasina und M. Fenaira, auf schmalem Saumpfad zu einem Felstal mit prähistorischen Siedlungsspuren, zum Passo della Mezzaluna und zum Carmo di Brocchi.

DIE WANDERUNG IN KÜRZE

+++ Anspruch

6 Std. Gehzeit

17 km Länge

Charakter: Vor allem wegen der Länge anspruchsvollere Wanderung. Das letzte Stück des Anstiegs zum Carmo di Brocchi ist mit etwas Kraxelei verbunden. Ungeübte und nicht absolut trittsichere Wanderer sollten auf die Besteigung verzichten und vom Passo della Mezzaluna auf dem Hinweg zur Fossa di San Lorenzo wandern; recht einfache Orientierung in offenem Gelände.

Wanderkarte: Französische IGN-Sonderkarte, Alpes sans Frontières, »Moyenne Roya/Val Nervia e Argentina«, 1 : 25 000

Einkehrmöglichkeiten: Unterwegs keine

Anfahrt: Von Taggia nahe der Küste mit dem **Pkw** über Montalto/Carpasio oder von Imperia über Borgomaro zur Colla d'Oggia.

Kurzwanderungen: Der Weg lässt sich leicht in zwei einfache Rundtouren aufteilen, mit Start bei den Prati Piani (2.15 Std.) oder am von Molini di Triora/Pieve di Teco erreichbaren Teglia-Straßenpass (2.45 Std.).

Von der Häusergruppe **Prati Piani 1** folgen wir zunächst der Straße, gelangen am Abzweig nach Borgomaro vorbei zur Passhöhe **Colla d'Oggia 2** (20 Min.). Ein hier westlich die Böschung hinaufweisendes Schild

38

Von der Colla d'Oggia zum Carmo di Brocchi

bezeichnet den Einstieg des Weges, der durch zwei rote Punkte markiert ist. Auf einem Pfad geht es in westnordwestliche Richtung durch Wiesengelände die Bergflanke des Monte Grande hinauf, dessen höchster Punkt an einer Antenne und einem Häuschen auszumachen ist. Nach Süden fällt der Blick weit über das grüne Tal der Carpasina. Parallel zum markierten Hauptpfad verlaufende Viehpfade ignorierend, gewinnen wir stetig an Höhe. An einer Verzweigung nach gut 10 Min. halten wir uns rechts, durchqueren nach weiteren 15 Minuten, kurz steiler ansteigend, ein Farnfeld. 50 m danach Achtung: den scharf nach rechts abzweigenden, markierten schmalen Pfad nicht verpassen (50 Min.). Dieser verläuft, nun nordöstlich, auf einer Hangstufe, unterhalb einer kleinen Ruine (Schafstall), wendet sich 100 m danach nach links (nördlich), um mit kräftiger Steigung den Wiesenhang zur flachen Einkerbung im **Verbindungskamm** zwischen Monte Grande und Monte Carpasina hinaufzuführen (1.10 Std.). Auf der Höhe wird ein breiterer Weg erreicht. Auf diesem geht es nach links auf den flachen Grasrücken des **Monte Carpasina** 3 (1.20 Std.) mit weiten Blicken in die ligurischen Alpen. Wir bleiben auf dem Hauptweg geradeaus, der sich in einen Buchenwald senkt, wo wir die Ruinen der **Caselle di Fenaira** passieren. Kurz darauf zweigen wir nach links auf einen Waldpfad ab (Hinweis: »Passo di Teglia, Passo Mezzaluna«, Markierung: zwei rote Punkte). Im Waldschatten geht es die Nordostflanke des Monte Fenaira hinauf. Auf dann ebenem Weg gelangen wir über Wiesen auf die schmale Bergstraße Molini di Triora–Pieve di Teco beim **Passo Teglia** 4 (2 Std.).

Richtung Pieve di Teco beschreibt die Straße hier eine scharfe Rechtskurve, wo wir geradeaus auf leicht ansteigendem Waldweg weiter wandern (Hinweisschild u. a. zum Passo della Mezzaluna). Für etwa 10 Min. folgen wir dem Hauptweg, um dann einen mit rotem Pfeil gekennzeichneten links abzweigenden Pfad zu nehmen, der zum Sattel Passo del Pizzo ansteigt. Von hier folgen wir rechts einem Saumpfad in der auf dieser Seite baumlosen Bergflanke (Markierung: rote Punkte und rote Striche). Der schmale Pfad verläuft mit leichtem Auf und Ab und schönen Ausblicken über das Tal von Triora am Südwesthang des Carmo dell' Omo, biegt dabei dreimal nach rechts jeweils um einen Geländevorsprung herum. Nach der dritten Rechtsbiegung senkt er sich einige Minuten durch felsiges Gelände, um dann am Fuße des Monte Carmo di

39

Tour 6

Brocchi 5 Min. steiler zu einem auf einer Steinreihung (alte Terrassenmauer) verlaufenden Querpfad anzusteigen. Der rot markierte Pfad erklimmt nach links (östlich) den Carmo di Brocchi, wir gehen jedoch 50 m nach rechts zu einer **Passhöhe** (2.30 Std.), wo rote Schilder (»Divieto di Caccia«) das Jagen verbieten. Rechts unterhalb öffnet sich hier die runde Karstsenke **Fossa di San Lorenzo.** Die kleine Wiesenebene diente wahrscheinlich als frühzeitliche Siedlungs- und Kultstätte, in der Umgebung hat man einfache Steinritzungen und einen Menhir gefunden.

Beim Pass biegen wir nach links auf einen gut ausgeprägten Pfad, auf dem wir nach Norden in gut 5 Min. ein Eichenwäldchen zu einer Wiesenlichtung durchqueren, wo ein von rechts von der Fossa di San Lorenzo hochkommender, mit zwei roten Punkten markierter Weg einmündet, der spätere Rückweg. Wir gehen geradeaus, durchqueren ein weiteres Waldstück und gelangen auf schönem Hangweg mit weitem Blick über das Tal von Pieve di Teco zum **Passo della Mezzaluna** 5 (3 Std.). Über den baumlosen halbmondförmigen Bergsattel zwischen Cima di Donzella und Monte Arborea, einem nördlichen Vorgipfel des Carmo di Brocchi, verliefen einst wichtige Handelswege zwischen Küste und Gebirge. Hier bietet sich für nicht absolut trittsichere Wanderer die Möglichkeit zur **Abkürzung:** Man wandert auf dem Hinweg 10 Min. zurück, bleibt dann nach dem Waldstück auf dem durch zwei rote Punkte markierten, zum Nordrand der Fossa di San Lorenzo leicht links absteigenden Hauptpfad.

Der schwierigere und längere Weg führt über den Gipfel des Carmo di Brocchi zur Fossa di San Lorenzo. Dazu steigen wir vom Passsattel die Wiesen hinauf, umrunden auf Viehpfaden die Felskuppe des Monte Arborea an ihrer Westseite. Mit kurzem Zwischenabstieg geht es durch eine von Steinen eingegrenzte kleine Viehweide danach steiler bergan am rechten Rand der Höhe.

40

Von der Colla d'Oggia zum Carmo di Brocchi

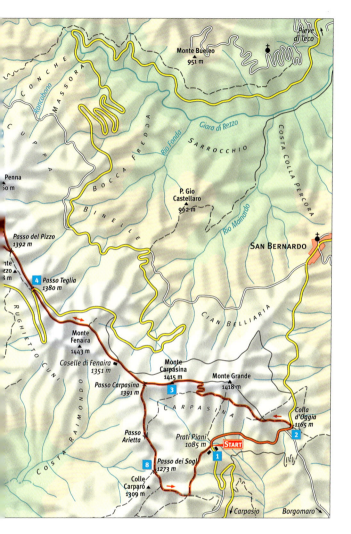

Etwa nach links biegend, gelangen wir durch eine lang gestreckte grasige Mulde zum Fuße eines felsigen Steilhangs, wo einige Buchen wachsen. Mit etwas Kletterei über einige Steinblöcke nun den Hang weglos zum grasigen Gipfelrücken hinauf. Dieser bricht nach Westen mit steilen Felsflanken ab (Abstand halten!).

An einem Buchensaum entlang vorgehend, gelangen wir zum durch ein Steinmännchen markierten Aussichtsgipfel des **Monte Carmo di Brocchi** 6 (3.30 Std.).

Vom Gipfel steigen wir 50 m den Grat südlich bergab, biegen dann ganz nach links auf einen östlich absteigenden schmalen Pfad. Dieser

Tour 6

Bei Prati Piani

verläuft 100 m am Rand eines Buchenwäldchens, schwenkt dann leicht nach rechts zum Rand des Hangrückens. Auf steilen Pfadspuren wandern wir hinunter zur bekannten **Passhöhe** (4 Std.) mit den roten Jagdverbotsschildern. Von hier folgen wir gut 5 Min. dem Hinweg durch den Buchenwald, biegen dann scharf nach rechts auf den in wenigen Minuten zum Nordrand der kleinen Karstsenke **Fossa di San Lorenzo** 7 absteigenden Pfad.

Von der Fossa di San Lorenzo folgen wir dem zum Waldrand ansteigenden Hauptpfad (Hinweis zum Passo Teglia; Markierung: zwei rote Punkte). Mit etwas Auf und Ab wandern wir dann auf angenehmem Weg durch den Bosco di Rezzo mit seinen für Italien ungewöhnlich großen Buchen, passieren den niedrigen Bergsattel zwischen Carmo dell'Omo und Pizzo Penna mit Gedenkstele für das Opfer eines Jagdunfalls. Stetig dem markierten Hauptweg folgend, erreichen wir schließlich den Hinweg und den **Teglia-Pass** 4 (4.30 Std.). Wir kreuzen die Straße, wandern dem Hinweg folgend zurück bis 5 Min. hinter die **Caselle di Fenaira** (5 Std.).

Nach Verlassen des Buchenwaldes folgen wir nicht dem Hauptweg zum Monte Carpasina, sondern wenden uns nach rechts auf eine Pfadspur, die auf dem sich nach Süden senkenden offenen Wiesenkamm verläuft. Über die Kuppe hinweg kurz steiler absteigend, gelangen wir zum **Passo dei Sogli** 8 (5.30 Std.) 250 m unterhalb des Colle Carparo, wo sich der Pfad vor einer kleinen Schichtsteinhütte gabelt. Wir gehen links, 150 m eben an der Hügelflanke entlang, biegen dann erneut nach links ab und folgen einem Pfad, der steil absteigend auf dem sich vom Colle Carparo östlich hinunterziehenden Wiesenrücken verläuft. Vor der Ruine einer Steinhütte wenden wir uns nach links auf eine nördlich wegführende Wegspur. Mit mäßigem Gefälle wandern wir in Richtung auf die Häuser von **Prati Piani** 1, die wir durch Wiesen und Haselnussgebüsch in gut 10 Min. erreichen (6 Std.).

Tour 7

Auf alten Maultierpfaden

Bei Dolcedo im Hinterland von Imperia

Große Olivenbaumpflanzungen bedecken die Täler von Dolcedo im gebirgigen Hinterland von Imperia. An den Hängen stehen verschachtelt gebaute alte Dörfer und Weiler, zwischen denen uralte Verbindungswege verlaufen, die wir auf dieser Wanderroute nutzen.

DIE WANDERUNG IN KÜRZE

Anspruch: ++

Gehzeit: 5.30 Std.

Länge: 16 km

Charakter: Mittelschwere Wanderung überwiegend auf schmalen Wegen, kürzere Abschnitte auf Asphalt; wegen der vielen Abzweige nicht völlig problemlose Orientierung.

Wanderkarte: Multigraphic, Carta dei Sentieri e Rifugi, »Alpi Marittime e Liguri«, Nr. 113/14, 1 : 25 000

Einkehrmöglichkeiten: Bar in Pantasina nach gut 3.30 Std.; Bar und einfache preiswerte Trattoria in Molini di Prela beim Ausgangspunkt

Anfahrt: Pkw von Imperia über Dolcedo; **Bus** von Dolcedo nach Molini di Prela im Sommer (Mitte Juni–Mitte Sept.) um 8.10 (werktags), 8.55 (So/Fei), 11.35 (tägl.), 13.10 (w), 16.55 (w), 18.15 (w), 19.45 (w), 20 Uhr (So); übrige Jahreszeit um 8.10 (w), 8.55 (So), 11.35 (tägl.), 13.20 (w), 13.45 (w), 16.45 (w), 18.15 (w), 19.45 (tägl.). Die Busse starten in Imperia Oneglia 25 Min. und in Imperia Porto San Maurizio 20 Min. früher. Werktags um 10.10 Uhr ganzjährig **Bus** von Imperia nach Molini di Prela über Pinavia. Von Dolcedo nach Imperia ganzjährig werktags um 14.45, 17.10, 18.50, 19.20 Uhr; sonn- und feiertags 19.55; die Busse um 17.10, 19.20 und 19.55 Uhr halten nur bei den Häusern östlich des Prino, der Bus um 18.50 Uhr beim Ortszentrum. Fahrplan unter www.rivieratrasporti.it.

Abkürzungsmöglichkeiten: Man wandert nur den Rundweg ab Molini di Prela (4.30 Std., 11 km, 600 m Anstieg). Mit dem Bus werktags um 10.10 Uhr von Imperia nach Pantasina kann man bis Pianavia fahren und hier den Weg aufnchmen (4.45 Std., 13 km, 450 m Anstieg).

Beim östlichen Ortseingang von **Molini di Prela** 1, wo links die Straße nach Villa Talla abzweigt, nehmen wir rechts die Richtung Pantasina ansteigende Straße, folgen ihr etwa 10 Min. Etwa 150 m hinter der Zufahrt zu einem Gewerbegrundstück biegen wir nach rechts auf einen an

43

Tour 7

einem neueren Haus vorbei kurz absteigenden Asphaltweg, der im Tal nach links biegt, einen Bach kreuzt, dann ansteigt. 100 m nach dem Bach nehmen wir unmittelbar vor der Schichtmauer einer kleinen Wiese mit Schuppen einen nach links abzweigenden Pfad (15 Min.). Durch Eichenwald und Olivenpflanzungen gewinnen wir stetig an Höhe. Im Rückblick werden die alten Dörfer Casa Carli und Praelo sichtbar. Der Pfad führt später eben über einen bewaldeten Rücken und erreicht schließlich wieder ansteigend die große Barockkirche am Ortsrand von **Prela Castello** 2 (45 Min.).

Auf der Hauptgasse (Via della Libertà) durchqueren wir den winzigen Ort, gelangen auf dem einzigen Zufahrtsträßchen zur Ruinenmauer der zerstörten Burg. An deren Ende, gegenüber einem Häuschen mit Ziegeldach, nehmen wir den links abzweigenden, anfangs einige Meter betonierten schmalen Weg. Er führt zum Friedhof und zurück zur Straße, auf der wir nun 200 m zum Dorf **Pianavia** 3 hinaufgehen (1 Std.).

Wir kreuzen die Straße Vasia–Pantasina, nehmen die Via E. Toti, 50 m weiter links die Via dei Monti. In der deutlichen Rechtskurve hinter den letzten Häusern schlagen wir den geradeaus abzweigenden schmalen Weg ein. Auf kurz kräftig ansteigendem erdigem Pfad passieren wir einen Madonnenschrein, nehmen kurz dahinter einen etwas breiteren Weg geradeaus durch die Olivenhaine, wenden uns danach vor einem Wasserbehälter links auf den ansteigenden gepflasterten Pfad. Dieser trifft auf einen befestigten Fahrweg (1.15 Std.). 50 m nach links schwenkend können wir den nach rechts abzweigenden alten Pfad wieder aufnehmen. Eichen und Ginster verdrängen die Olivenhaine. Über einen dünn bewaldeten Rücken gelangen wir zu einem breiteren Weg unterhalb einiger Hangterrassen. Wir folgen ihm 50 m nach rechts, biegen nach links auf einen schmalen, an den Terrassierungen entlang ansteigenden Weg. Auf ihm gelangen wir zum Ende eines Fahrweges bei einem Gebäude (1.30 Std.).

Wir gehen links am Grundstück vorbei, um einem 30 m weiter beginnenden Pfad geradeaus zu folgen. Er führt am Waldhang entlang, trifft nach knapp 10 Min. auf einen breiteren Weg. Auf diesem geht es im Linksbogen bergan durch eine Hangmulde mit kleinen Wiesenflächen. Wo 30 m rechts oberhalb eine kleine runde **Schichtsteinhütte** bei einer Eiche sichtbar wird, zweigt ein Weg scharf nach rechts ab (1.45 Std.).

Der Hauptweg geradeaus ist unser späterer Weiterweg; auf dem Abzweig gelangen wir auf einem **Abstecher** zu einem schönen Aussichtspunkt: Der sich bald veren-

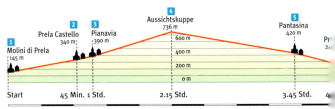

Bei Dolcedo im Hinterland von Imperia

gende Weg steigt in Bögen zwischen Ginster und verwilderten Wiesen zum Gratrücken hinauf. Auf der Höhe halten wir uns rechts und gelangen auf eine **baumlose Kuppe** 4 mit einem Mast (2.15 Std.). Der Blick reicht von der Küste bei Imperia über die Täler von Dolcedo und Borgomaro bis zu den ligurischen Alpen.

Auf gleichem Weg geht es zurück zur Verzweigung unterhalb der runden Schichtsteinhütte bei der Eiche (2.30 Std.), wo wir nach rechts (westlich) Richtung Pantasina weiterwandern. Der nicht zu verfehlende Weg beschreibt allmählich absteigend einen lang gestreckten Linksbogen am Waldhang, passiert ein schön gelegenes Steinhäuschen und einen Bachgraben, trifft ein paar Minuten später auf die **Nebenstraße Pantasina–Colla d'Oggia** (3 Std.).

Wir kreuzen sie, nehmen den gegenüber zunächst leicht ansteigenden Weg, der sich nach kurzer Zeit verliert. Geradeaus geht es über einen flachen Felsrücken weglos noch 100 m ganz hinauf zum Kamm, über den ein gut ausgeprägter Maultierpfad verläuft. Wir folgen ihm nach links und erreichen auf aussichtsreichem Weg nach gut 15 Min. einen rot markierten Querpfad. Erneut nach links biegend, wird nach kurzem Abstieg wieder die Straße erreicht. Wir überqueren diese und nehmen den gegenüber absteigenden Pfad. Er führt, stellenweise gepflastert, durch Wald und an Terrassierungen entlang zu den ersten Häusern von **Pantasina** 5 hinunter.

Am Ortsrand wird erneut die Straße gekreuzt (3.45 Std.; 50 m nach links eine Bar). 10 m weiter biegen wir nach rechts in die schmale Via G. Mela ein, um nach 3 Min. einen leicht links abwärts führenden Fahrweg einzuschlagen, der alsbald eine Häusergruppe erreicht. Dort nehmen wir die rechts an einer Schichtmauer entlangführende Via San Da-

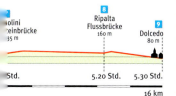

45

miano. Der Weg führt links um ein Kirchlein herum. Wir bleiben auf dem abwärts führenden Fahrweg. Ca. 5 Min. nach dem Kirchlein, nach einem Eichenwäldchen, zweigen wir nach links auf einen weiter absteigenden Pfad ab (roter Pfeil auf einem Stein). Auf einem alten Maultierweg gelangen wir zur Straße Pantasina–Molini di Prela unmittelbar vor dem Weiler **Praelo** **6** (4 Std.).

Wo die Straße nach Canneto nach rechts abzweigt, nehmen wir die leicht links zu den Häusern abfallende Treppengasse. An deren Ende halten wir uns rechts. Über den kleinen Kirchplatz und die Via S. Bartolomeo gelangen wir zum letzten Haus des Dorfes und vor diesem nach rechts biegend zum Beginn des Verbindungsweges nach Molini di Prela. Der anfangs grasig überwachsene alte Pfad senkt sich mit einigen Kehren durch Olivengärten zu Tal. Bei den ersten Häusern von **Molini di Prela** nehmen wir die Gasse rechts, treffen auf die Straße nach Villa Talla.

Auf dieser nach links gehend, gelangen wir zur Kapelle Oratorio San Giacinto, vor der rechts die Via Santa Lucia (Hinweis: »Ponte de Ca' Sottane«) zur schönen mittelalterlichen **Steinbrücke** **7** von Molini hinableitet (4.30 Std.). Auf der anderen Bachseite folgen wir einem Maultierweg bergan (Markierung: rot-weißer Doppelbalken), treffen auf einen breiteren Weg. Wir gehen auf ihm 30 m nach links, nehmen vor einer Mauer nach rechts abzweigend den alten Pfad wieder auf. Durch Olivenhaine ansteigend erreichen wir einen Fahrweg (5 Std.), wandern auf ihm kurz nach links, um in einer scharfen Rechtskurve geradeaus dem Hinweis nach Dolcedo zu folgen. Auf einem Pfad zwischen Ölbaumterras-

sen absteigend, treffen wir auf einen Fahrweg bei einer Gabelung, nehmen hier den ebenen Weg geradeaus. Er führt zuletzt asphaltiert an einigen Häusern vorbei zu einer Straße, die rechts bergan 150 m zum alten Dorf **Ripalta** führt (5.15 Std.).

Wir durchqueren den Ortskern auf der Via Centrale, biegen nach rechts in die Via Colla della Valle (ohne Markierung), die zum alten Waschbrunnen unter einer Madonnenstatue am Dorfrand führt. Hier nehmen wir einen westlich absteigenden Maultierweg, der sich mit schönen Ausblicken ins Tal des Acquasanta senkt. Gut 5 Min. ab Ripalta kreuzt der Weg auf einer alten **Steinbrücke** **8** den Bach, steigt als Pflasterweg kurz steiler zu einem Querweg an. Wir folgen dem wieder rot-weiß markierten Pfad nach links, passieren die Ruine eines Kirchleins und treffen auf einen befestigten Fahrweg. Am Bachlauf entlang absteigend gelangen wir an einer weiteren alten Steinbrücke vorbei in den alten Ortskern von **Dolcedo** **9** (5.30 Std.).

Dolcedo

Die Täler im Küstenhinterland von Imperia sind bis heute ein Zentrum der Ölproduktion, in den tieferen Lagen stehen an den Berghängen weitflächig die Olivenbäume. Das 1200 Einwohner zählende Dolcedo ist schon der größte Ort dieser landschaftlich intakt wirkenden Gegend. Das schöne Ortsbild ist geprägt vom Ponte Grande, einer 1292 errichteten Brücke über das Flüsschen Prino. Aus dieser Zeit stammt auch die mittelalterliche Loggia del Comune.

Am Ziel: Dolcedo

Bei Dolcedo im Hinterland von Imperia

Tour 8

Olivengärten und Bergweiden

Von Bellissimi zum Monte Follia und den Prati di Dolcedo

Dieser Weg im Hinterland von Imperia führt zu Beginn und zum Ende durch das anmutige Land der Ölbaumkulturen von Dolcedo. Dazwischen steigen wir weit hinauf ins Gebirge, wo Eichen, Buchen und zuletzt karge Bergweiden die Olivenbäume verdrängen.

DIE WANDERUNG IN KÜRZE

+++
Anspruch

6.15 Std.
Gehzeit

900 m
An-/Abstieg

Charakter: Wegen der Länge (18 km) und der Höhenmeter recht anspruchsvolle Wanderung; überwiegend einfache Orientierung, an Gabelungen meist Wegweiser. Schwieriger zu finden ist der schmale Pfad an der Westseite des Monte Faudo; ei Nebel empfiehlt es sich, vom Monte Follia auf dem Hinweg zurück zum Fahrweg zu gehen und diesem zum Passo della Vena zu folgen.

Wanderkarte: Multigraphic, Carta dei Sentieri e Rifugi, »Alpi Marittime e Liguri«, Nr. 113/114, 1 : 25 000

Einkehrmöglichkeiten: Keine

Anfahrt: Mit dem **Pkw** von Imperia über Dolcedo nach Bellissimi; werktags 3 **Busse** Imperia–Bellissimi.

In **Bellissimi** 1 steigen wir die Stufen zur Hauptkirche hinauf, biegen nach links in die schmale Via Don Giuseppe Bellissima und 50 m weiter in die links abzweigende Via Cavour, die zur Asphaltstraße Bellissimi–Santa Brigida führt. Auf dieser 5 Min. ansteigend, gelangen wir vor der Häusergruppe **Trincheri** in eine scharfe Rechtskurve. Auf der geradeaus abzweigenden steilen Gasse passieren wir die wenigen Häuser des Weilers bis zum Kirchlein am Ortsrand, wo der Asphaltweg in einen Wanderpfad übergeht. Dieser führt nach 5 Min. ansteigend zwi-

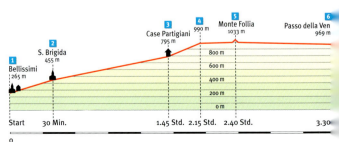

48

Von Bellissimi zum Monte Follia und den Prati di Dolcedo

schen einem runden Schichtsteinbau und einem weißen Gebetswinkel hindurch, dahinter eben durch eine Ölbaumterrasse zu einer Verzweigung. Wir gehen leicht rechts, auf ansteigendem steinigem Pfad (kleines Holzschild »Santa Brigida«). Auf einem stellenweise noch perfekt gepflasterten Pilgerpfad geht es durch Eichenwald hinauf zur spätmittelalterlichen Passkapelle **Santa Brigida** 2 (30 Min.).

Hinter der Kapelle folgen wir dem linken der beiden nordwestlich wegführenden breiten Wege, nehmen nach 50 m einen links abzweigenden rot-weiß-rot markierten Pfad (kleines Holzschild »Casone dei Partigiani«). Der stellenweise noch gepflasterte alte Maultierpfad führt zwischen Ginster, Zistrosen und dünnem Baumbewuchs den vom Monte Faudo herunterkommenden flachen Rücken hinauf. Nach gut 15 Min. ab Santa Brigida passieren wir eine schöne Rastwiese mit einer einzelnen großen Eiche; nach Süden blickt man über das Tal des Rio Mereo zum Dorf Pietrabruna. Unser Pfad folgt dem Verlauf des Höhenrückens, führt steiler ansteigend an einem Steinschuppen und wenig später an der **Kapelle San Bernardo** vorbei (1 Std.). Ein paar Minuten nach der Kapelle trifft der Pfad auf den zum Monte Faudo führenden Fahrweg,

den wir gleich aber wieder nach links verlassen, um erneut einem rot-weiß markierten Pfad auf dem Höhenrücken zu folgen. Nach kurzem Zwischenabstieg durch eine Wiesensenke folgt ein Anstieg zurück zum Fahrweg, der sich nach wenigen Metern verzweigt (1.40 Std.).

Wir gehen links (Hinweis »Al Casone dei Partigiani«). Nach wenigen Minuten auf befestigtem Fahrweg wenden wir uns in leichter Linksbiegung auf einen geradeaus abzweigenden Pfad (rot-weiße Markierung, Hinweis »Sentiero del Monte Faudo«). Bei einer Gabelung 50 m weiter halten wir uns links, steigen auf steilem, kurz undeutlichem Pfad schräg den Hang bis hinter die Gebäude der **Case Partigiani** 3 hinauf. Danach geht es auf schmaler Pfadspur etwas weniger anstrengend den Wiesenrücken westlich bergan; am Wege einfache Schichtsteinhütten. Schließlich erreichen wir unterhalb einer weißen **Steinstele** 4 den Fahrweg zum Monte Faudo (2.15 Std.). Wir biegen nach links, ignorieren die rechts zu den Antennen ansteigende Nebenstraße, folgen dem breiten ebenen Erdweg geradeaus (Hinweisschild u. a. zum Monte Follia). Dieser passiert nach 3 Min. eine gemauerte Quelle rechter Hand. Kurz dahinter biegen wir auf den unteren der leicht rechts ab-

18 km

Tour 8

zweigenden Viehpfade (rot-weiße Markierung, zusätzlich zwei rote Punkte). Auf ebenem gemütlichem Wiesenpfad geht es mit weiten Ausblicken in leichtem Rechtsbogen um die Südostflanke des Monte Faudo herum auf einen Wiesensattel am Fuß des südlichen Vorgipfels **Monte Follia** 5. Auf einem nach links den Hang hinaufleitenden Pfad gelangen wir mit einem kurzen Abstecher auf die baumlose Graskuppe (2.45 Std.), von wo sich ein schönes Panorama zum Meer bietet.

Beim Westende der kleinen Wiesenebene folgen wir nicht den Hinweisschildern, sondern nehmen einen nach rechts (nordwestlich) in der Flanke des Monte Faudo verlaufenden schmalen, aber doch deutlich ausgeprägten Pfad (ohne Markierung). Dieser senkt sich für etwa 5 Min., verläuft dann mit leichtem Auf und Ab als schmaler Saumpfad am karg bewachsenen Berghang, vorbei an Ruinen und überwucherten Terrassierungen. Nach Nordwesten geht der Blick weit über das Argentina-Tal zu den ligurischen Alpen. Zwischen Steineichen ansteigend gelangen wir später auf einen Hügelvorsprung westlich unterhalb des Faudo-Gipfels, hinter dem der Wald beginnt. Dahinter wendet sich unser Pfad nach rechts in nordöstliche Richtung. Auf ebenem Waldpfad gelangen wir zu einen etwas breiteren **Querpfad** (3 Std.), biegen nach rechts. Für etwa 20 Min. folgen wir einem in der Nordwestflanke des Monte Faudo verlaufenden Pfad, wandern im Schatten hoher Kiefern. Westlich unterhalb im Tal werden kurz die Häuser von Montalto Ligure sichtbar.

Schließlich erreichen wir den Bergsattel des **Passo della Vena** 6 (3.30 Std.), wo rechts der vom Mon-

te Faudo kommende, hier asphaltierte Fahrweg auftaucht. Etwa 50 m vor einer Rechtskehre des Fahrweges nehmen wir einen geradeaus weiterführenden Pfad, folgen dem Hinweis Richtung Tavole/Lecchiore. Der Pfad steigt 50 m auf dem Kammrücken zu einer Gabelung an. Wir gehen rechts, passieren gleich einen Steinstall rechter Hand. Der schmale, aber gut ausgeprägte Pfad verläuft mit weiten Ausblicken in der Ostflanke des Kammrückens, steigt für gut 5 Min. etwas an. Bei einer Gabelung mit kleinem Holzschild links zum Monte Moro gehen wir rechts, passieren gleich einen Kiefernsaum und 100 m weiter eine Stallruine links des Weges. Danach verläuft der Pfad eben oder leicht absteigend über die verwilderten Wiesen der

50

Von Bellissimi zum Monte Follia und den Prati di Dolcedo

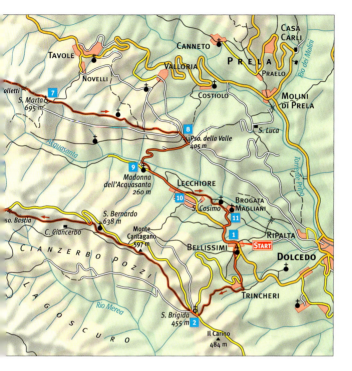

Prati di Dolcedo. Die hier manchmal herumstreifenden weißen Hirtenhunde sind harmlos. Bei einer weiteren Ruine rechts des Weges folgen wir der Pfadspur im leichten Rechtsbogen abwärts zu einer **Verzweigung** (4 Std.), wo links ein Schild zur Colla d'Oggia weist; wir gehen jedoch rechts Richtung Tavole/Lecchiore. Auf undeutlichen Wiesenspuren immer auf der Höhe bleibend, steigen wir nun östlich den sich vom Monte Arbozzaro hinunterziehenden Rücken hinab. Rechts an zwei Steinpfosten vorbei geht es in eine Mulde, dann mit leichtem Gegenanstieg auf eine grasige Kuppe; von hier leicht links an Eichen vorbei steiler bergab zu einem eingesunkenen zwischen Steinblöcken verlaufenden, überwachsenen alten Pfasterweg, dem wir zu einer Stallruine mit eingefallenem Dach folgen. Gleich dahinter schwenkt der Weg etwas nach links, führt dann kurz zurück auf den mit Eichen bewachsenen Kammrücken, um dann 50 m links unterhalb des Grats zu verlaufen. Der nun besser ausgeprägte alte Weg senkt sich schließlich durch Farn zur schön gelegenen Passkapelle **Santa Marta** 7 (4.30 Std.). Dahinter nehmen wir den Weg geradeaus Richtung Lecchiore/Dolcedo, der weiterhin östlich auf dem Kammrücken verläuft. Abzweige nach rechts und links unbeachtet lassend, steigen wir durch Eichenwald stetig bergab, folgen 20 m einem Fahrweg (4.50 Std.), um den rechts abzweigenden, u. a. nach Lecchiore beschilderten alten Pfad

Tour 8

Am Monte Faudo

wieder aufzunehmen. Bald passieren wir ein Eisenkreuz am Rande der Höhe, wo wir einen breiten Linksabzweig ignorieren. Auf schmalem Weg wandern wir den karg bewaldeten Höhenrücken stetig bergab zu einem breiten Querweg beim **Passo della Valle** 8 (5. Std.).

Wir gehen 20 m nach links und biegen auf einen nach rechts absteigenden Fahrweg. Einen Abzweig bei einem kleinen Betongebäude 50 m weiter ignorieren wir. Etwa 5 Min. ab dem Passo della Valle biegen wir bei einer Gabelung scharf nach rechts auf einen breiten Weg hinab in die Olivenpflanzungen. Einen betonierten Abzweig nach rechts hinter einem neueren Haus lassen wir unbeachtet. Mit einer Links-, später Rechtskehre wandern wir ganz in das Tal von Acquasanta hinab. Hinter der Brücke über den Acquasanta-Bach steht hier die kleine Wallfahrtskirche **Madonna dell'Acquasanta** 9 (5.30 Std.). Wir gehen links am Gebäude vorbei, steigen dahinter auf altem Pfad zu einem Sträßchen an. Auf ihm erreichen wir **Lecchiore** 10 (5.45 Std.). Wir nehmen die untere (linke) Dorfgasse, gehen auf dieser zum Kirchplatz, wo wir nach links einen östlich zu Tal führenden Weg nehmen. Dieser passiert ca. 5 Min. ab Lecchiore einen Gebetswinkel, biegt nach rechts und gabelt sich. Wir nehmen den Pfad rechts, der etwas ansteigt, an einem Kirchlein vorbeiführt und durch einen Torbogen in den alten Weiler **Brogata Magliani** 11 hineinführt. Hinter einem großen Gebäude mit Dachloggia biegen wir nach rechts auf das Zufahrtssträßchen zum Weiler; es steigt zur Straße Lecchiore–Dolcedo an, auf der wir nach links zurück nach **Bellissimi** 1 gelangen (6.15 Std.).

Tour 9

In der Ferne die Alpen

Von Madonna del Lago auf den Monte Armetta

Über den Tälern von Pennavaire und Tanaro erhebt sich als westliches Ende des Apennins der Bergrücken von Monte Galero und Monte Armetta. Die Wanderung führt auf den Monte Armetta, einen perfekten Aussichtsgipfel mit grenzenlosem Blick über die Seealpen.

DIE WANDERUNG IN KÜRZE

++
Anspruch

5.30 Std.
Gehzeit

850 m
An-/Abstieg

Charakter: Mittelschwere Gebirgswanderung mit langem anfänglichem Anstieg; bis zum Monte Dubassio nicht immer einfache Orientierung

Wanderkarte: Multigraphic, Carta dei Sentieri e Rifugi, »Alpi Marittime e Liguri«, Nr. 106/108, 1 : 25 000

Einkehrmöglichkeiten: Unterwegs keine

Anfahrt: Mit **Pkw** von Albenga über Nasino nach Alto im Tal des Pennavaire; 3 km westlich des Ortes zweigt eine beschilderte Nebenstraße ab, die 3 km zu der bei einem Teich gelegenen Kirche Madonna del Lago den Hang hinaufführt.

Von **Madonna del Lago** **1** folgen wir noch etwa 200 m der rechts der Kirche weiter ansteigenden Asphaltstraße in eine Linkskurve, wo wir geradeaus auf einem Erdweg weiterwandern (Markierung: rotes Dreieck). Er gewinnt mit Aussicht ins Tal des Rio Pennavaire am Osthang an Höhe, verläuft später etwa nach links biegend eben zwischen Tannen und Kiefern. Bei einem Häuschen linker Hand verengt sich der Weg **2** (20 Min.). Etwa 200 m weiter zweigen wir mit den Markierungen nach links auf einen steil den Buchenwaldhang hinaufführenden schmaleren Pfad ab.

Nach einem Wegstück im Wald wandern wir am offenen Steilhang mit Blick in eine schroffe Felslandschaft. Der steinige Pfad senkt sich etwas zu einem felsigen Bachgraben, biegt hier nach rechts und steigt dann zwischen großen Steinblöcken zu einem **Felsvorsprung,** einem schönen Aussichtspunkt, steiler an (45 Min.). In vielen Kehren gewinnen wir weiter an Höhe. Auf steilem Pfad durchqueren wir schließlich ein dichteres Waldstück zu einem Aussichtspunkt mit Blick nach Westen auf eine steile Felsspitze (1.20 Std.). Der Pfad führt nach rechts biegend gleich wieder in den Wald zurück und steigt für 5 Min. steil zu einer Rechtskurve an; hier nicht dem Hauptpfad rechts durch den Kiefernwald folgen, sondern mit den roten Markierungen die Pfadspur geradeaus nehmen.

Tour 9

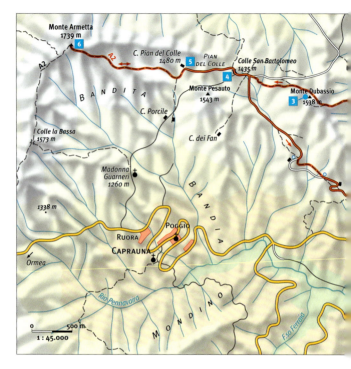

Diese führt gleich aus dem Wald heraus und gibt den Blick auf eine Felsspitze frei. Nach rechts biegend gewinnen wir auf einem kräftig ansteigenden schmalen Pfad rasch an Höhe, zunächst über eine Wiese, dann ohne klaren Weg steil bergan durch ein Steinfeld mit Alpenrosengesträuch (auf die roten Markierungen achten!). Schließlich gelangen wir auf einen grasigen Rücken (1.30 Std.), wo sich die Steigung abschwächt. Wir folgen 100 m dem linken Höhenrand, halten uns bei einer Pfadgabelung leicht rechts und steigen durch offenes Gelände mit weitem Panorama noch 5 Min. nordwestlich zur Kammlinie an. Auf der Höhe folgen wir einer Pfadspur zwischen Steinblöcken nach rechts zum

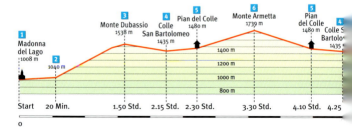

54

Von Madonna del Lago auf den Monte Armetta

flachen Gipfel des **Monte Dubassio** 3 (1.50 Std.).

Wir gehen unmittelbar rechts am kleinen Gipfelkreuz vorbei (Markierung ab hier: zwei rote Punkte), folgen einer steinigen Spur zu einer nahen Antenne, von wo aus ein gut ausgeprägter Pfad geradeaus den flachen Höhenrücken hinableitet. Mit weitem Panorama und in leich-

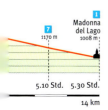

tem Gefälle wandern wir an der Südwestseite des Wiesenrückens entlang. Bei einem Tannenwäldchen treffen wir schließlich auf einen breiten Querweg, der sich 50 m weiter nach links gabelt (2.10 Std.). Der Linksabzweig führt zurück nach Madonna del Lago. Für den **Abstecher zum Monte Armetta** folgen wir etwa 5 Min. geradeaus (westlich) dem breiten, leicht ansteigenden Weg (rot-weiße Markierung, Alta Via). Bei einem als **Colle San Bartolomeo** 4 bezeichneten Platz weist ein Schild nach rechts auf den Weiterweg zum Monte Armetta. Auf anfangs breitem Weg geht es kurz nördlich bergan, dann eben westlich zum kleinen Hochtal **Pian del Colle** 5 (2.30 Std.), wo am rechten Rand der Wiesen ein Steinhäuschen steht. Die Alta Via quert die ebene Wiese links des Häuschens, zieht sich dann als schmaler Pfad mit kräftigem Anstieg durch offenes Gelände die Südflanke des Monte Armetta hinauf. Im Frühsommer erblühen unzählige Wildblumen am Weg, die zu dieser Zeit kräftig gelb leuchtenden Goldregenbäume geben hier und da Schatten. Man gelangt zu einem Vorgipfel, dann durch eine Wiesensenke mit kurzem Zwischenabstieg zum Hauptgipfel des **Monte Armetta** 6 (3.30 Std.). Von der offenen Höhe bietet sich ein herrliches Panorama von den Seealpen bis zur Mittelmeerküste bei Imperia.

Auf dem Hinweg wandern wir zurück zur **Fahrweggabelung** (4.30 Std.) beim Tannenwäldchen 5 Min. östlich des **Colle San Bartolomeo** 4, biegen nach rechts auf den südöstlich leicht absteigenden Weg (Markierung: zwei rote Punkte und rotes Quadrat). Dieser senkt sich mit weiten Ausblicken in der Südwestflanke des Monte Dubassio.

Tour 9

Blühender Goldregen am Monte Armetta

Einen ansteigenden Linksabzweig ignorieren wir. Wenig später beschreibt der Weg eine scharfe Rechtskehre zwischen Haselnussbüschen und erreicht 250 m danach den Rand einer Wiese mit einem **Brunnen** und einem alten **Steinhaus** rechts.

Hier verlassen wir den markierten Hauptweg und biegen nach links auf einen abzweigenden Pfad (ohne Markierung). Er führt über eine schmale Wiesenlichtung in ein verwunschen wirkendes Wäldchen mit Birken und Haselnussbüschen. Stetig die Richtung beibehaltend, wandern wir ein Stück im Schatten hoch gewachsener Buchen. Nach etwa 10 Min. verlässt der Pfad den Wald und senkt sich mit Blick ins Tal von Caprauna am offenen Hang, unterquert dabei eine Telefonleitung. Zuletzt kurz steiler absteigend, treffen wir bei einem Trinkwasserbrunnen erneut auf den **Fahrweg** (5 Std.).

Wir folgen ihm nach links abwärts. Der Weg beschreibt 200 m weiter vor einem Haus eine Rechtskehre, gleich danach eine Linkskehre, die auf einem Pfad abgeschnitten werden kann. 250 m weiter wird eine Häusergruppe **7** erreicht. Gleich hinter einem Brunnen linker Hand schlagen wir einen leicht rechts abzweigenden Pfad ein, der gleich zwischen zwei alten Steinhäusern durchführt (Markierung: rote Punkte). Auf altem Pfad in der Hügelflanke geht es mit weitem Ausblick in das Tal von Alto stetig bergab. Schließlich taucht die Kirche **Madonna del Lago 1** auf. Bei der folgenden Gabelung gehen wir links und erreichen zuletzt steiler absteigend wieder unseren Ausgangspunkt (5.30 Std.).

Tour 10

Über der Bucht von Alassio

Alassio–Castello d'Andora–Colla Micheri–Laigueglia

Die Wanderung führt über das mal karge, mal mit Pinien bewachsene Vorgebirge, das sich südlich des beliebten Badeorts Alassio erhebt. Am Weg liegen der alte Weiler Colla Micheri, die mittelalterlichen Ruinen von Andora und das hübsche ehemalige Fischerdorf Laigueglia.

DIE WANDERUNG IN KÜRZE

++ Anspruch

5 Std. Gehzeit

12 km Länge

Charakter: Wegen der Länge mittelschwere Wanderung mit mehreren kürzeren An- und Abstiegen; die Orientierung ist überwiegend einfach.

Wanderkarte: Multigraphic, Carta dei Sentieri e Rifugi, »Alpi Marittime e Liguri«, Nr. 106/108, 1 : 25 000

Einkehrmöglichkeit: Bar/Osteria in Colla Micheri (außerhalb der Saison meist nur am Wochenende geöffnet)

Anfahrt: Etwa alle 20 Min. **Bus** zwischen Laigueglia und Alassio; Bushalt u. a. gegenüber vom Info-Büro im Bahnhof beim nördlichen Ortsausgang

Wir verlassen das alte Zentrum von **Alassio** 1 über den Hauptgassenzug Via XX Settembre/Via Vittorio Veneto/Via Brennero nach Westen, gelangen auf der Uferstraße Via Roma zur um den Ortskern herumführenden Durchgangsstraße. Wir folgen ihr etwa 5 Min. auf der Uferpromenade, passieren bei Haus Nr. 93 einen Bahntunnel und sofort danach einen großen weißen Schriftzug »Alassio« rechts der Straße. Hinter der Schrift überqueren wir die verkehrsreiche Hauptstraße, kreuzen mit einer schmalen und niedrigen, weiß getünchten **Unterführung** die Bahn (15 Min.). Dahinter folgen wir dem geradeaus zwischen einigen Villen ansteigenden Treppenweg (Markierung: zwei rote Rauten, Sentiero 1). Bei der folgenden Gabelung nehmen wir den links an einer Schichtmauer entlangführenden Asphaltweg. Er geht in einen Pfad über, der in südliche Richtung mit Blick auf die Küste an Höhe gewinnt. Bei einem Hügelvorsprung mit Sicht in die Bucht von Laigueglia biegen wir nach rechts (30 Min.). Der Macchiapfad steigt nun steiler mit kurzen Kehren vom Meer weg den Hang hinauf, führt als mit Bohlen befestigter Stufenweg rechts an einem Grundstück vorbei. Wir treffen auf die Nebenstraße Alassio–San Bernardo, folgen ihr 150 m nach links in eine Rechtskurve 2 (50 Min.).

Den hier durch roten Kreis mit Querbalken gekennzeichneten Pfad nach links ignorieren wir zunächst (Erosionsschäden), um 20 m weiter leicht links einen breiteren Weg einzuschlagen (ohne Markierung). Er führt 100 m zu einer Olivenpflan-

Tour 10

zung, vor der wir nach links abwärts auf einen im Pinienwald absteigenden Pfad einbiegen (Abstand zum hier verlaufenden niedrigen Zaun halten, er könnte geladen sein!). Nach 50 m biegt der Pfad nochmals nach links, verläuft auf einer Hangstufe zu einem Schuppen, bei dem wir nach rechts absteigend den durch roten Kreis mit Querbalken markierten Pfad aufnehmen. Durch Buschwaldmacchia an einem Rastplatz mit Küstenblick vorbei kommen wir zu einem Tor, wo ein rechts wegführender **Fahrweg** gekreuzt wird (1 Std.). Es folgt ein schöner Küstenpfad (Sentiero 9) unter Pinien, dann ein Abstieg auf gepflastertem schmalem Weg zu einem Sträßchen (1.15 Std.). Wir gehen darauf 50 m geradeaus und nehmen nach links abzweigend den alten Pflasterpfad wieder auf. An Villen vorbei in Kehren absteigend, gehen wir ganz hinunter nach **Laigueglia** 3. Die rechts der Bahn weiterführende Via Concezione führt auf die Piazza Vinzenco Maglione (1.45 Std.).

Unmittelbar vor der Pensione Mina biegen wir in die rechts ansteigende Treppengasse (Hinweis »Sentiero No. 8«). Nach wenigen Minuten geht diese in einen alten gepflasterten Maultierweg über, der sich, von Schichtmauern begrenzt, durch Ginstergebüsch und Pinien östlich den Hang hinaufzieht (Markierung: drei rote Punkte). Etwa 20 Min. ab Laigueglia zweigen wir bei einem mit »Loc. Roccaro« beschilderten Platz nach links ab. Auf ebenem Pfad zwischen Pinien geht es im Linksbogen durch einen Hangeinschnitt, danach am kahlen Hang bergan. Bei der folgenden Verzweigung gehen wir mit den roten Punkten links, auf angenehmem Pfad leicht ansteigend, gelangen schließlich an eine **Wegkreuzung** 4 (2.30 Std.). Wir nehmen den Abzweig links, wandern auf ebenem Pfad an einem Pinienwäldchen entlang, wobei sich ein weiter Ausblick zurück zur Küste von Alassio mit der Isola Gallinara eröffnet. Nach rechts biegend trifft der Weg wenig später auf eine Nebenstraße.

Auf dieser geht es nach links zwischen Villengrundstücken ein paar Minuten bergab. Bei einer ersten Gabelung nehmen wir rechts die Via Castello Romano, um bei einer zweiten Gabelung gleich darauf links dem etwas schmaleren Sträßchen zu folgen. Etwa 500 m weiter zweigen wir vor dem von Zypressen beschatteten Tor eines alten Anwesens nach rechts auf den mit »Castello« ausgeschilderten Erdweg ab. Dieser führt bald rechts an einer hohen Mauer entlang, senkt sich dann in einen Kiefernwald, wo er auf einen mit einer roten Raute markierten Querpfad trifft. Der alte, stellenweise noch gepflasterte Maultierpfad senkt sich in 10 Min. zu einem Sträßchen. Auf diesem gehen wir 30 m nach links, um mit der Markierung den nach rechts abzweigenden Pfad einzuschlagen. Wir kreuzen erneut die Straße, gelangen über Stu-

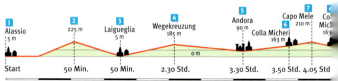

58

fen absteigend zum Rande eines eingezäunten Grundstücks. Der kurz etwas überwachsene Pfad senkt sich parallel zum Grundstückszaun, kreuzt einen Bach und trifft rechts an einem Haus vorbei auf ein weiteres Sträßchen. Es endet ansteigend nach 3 Min. bei einer Parkfläche unterhalb des Castello d'Andora. Wir nehmen den rechts weiterführenden Pfad, halten uns bei der folgenden Gabelung links, um auf gepflastertem Weg noch etwas anzusteigen. An einem kantigen **Wehrturm** und der romanischen **Kirche** vorbei gelangen wir zu den Ruinen der **Burg von Andora** 5 (3.30 Std.) – man könnte sich ins Mittelalter versetzt fühlen, wäre da nicht der Verkehrslärm der nahen Autostrada. Auf dem zwischen Castello und einer weiteren Kirche (San Nicolo) beginnenden Treppenweg Via del Castello steigen wir 50 m ab, biegen kurz vor dem Ristorante Casa del Prione nach links auf einen Hangpfad und gelangen um die Hügelflanke herum zurück zur romanischen Kirche beim Wehrturm.

Eine knappe halbe Stunde folgen wir dem Hinweg zurück, bleiben dann aber bei der Verzweigung im Wald auf dem mit roten Rauten markierten alten Maultierpfad geradeaus, bis wir die wenigen Häuser des hübschen Weilers **Colla Micheri** 6 erreichen (knapp 4 Std.).

Von hier lohnt ein kurzer **Abstecher** Richtung Capo Mele. Dazu wenden wir uns beim kleinen Dorfplatz ge-

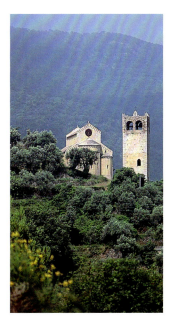

Andora

genüber dem Kirchlein auf den nach rechts vom Zufahrtssträßchen abzweigenden Pfad, der an den Außenmauern des Ortes entlang ansteigt. Einen Linksabzweig ignorieren wir, erreichen einen breiteren ebenen Weg. Diesem folgen wir geradeaus bis vor die Mauern eines Hausgrundstückes, steigen scharf nach links biegend 50 m ganz auf den Grat des **Capo Mele** 7 hinauf, von wo sich ein schönes Panorama über die Buchten von Alassio und Laigueglia eröffnet. Ein schmaler Pfad folgt dem Höhenrücken an der Ruine einer Windmühle vorbei zum Hinweg, der uns zurück nach **Colla Micheri** 6 bringt (4.30 Std.).

Von hier wandern wir 300 m auf dem Zufahrtssträßchen bis zu einer Linkskurve, biegen hier nach rechts auf einen gepflasterten Pfad (Markierung: hohle Raute), der nach

Tour 10

50 m einen breiten Querweg kreuzt. In wenigen Minuten ist der Ortsrand von Laigueglia erreicht. Der Straße dort folgen wir in Kehren abwärts zu Haus Nr. 51 (Villa Giada), wo wir links einen **Treppenweg** einschlagen (4.45 Std.). Beim Ende der Treppe auf einer Straße weiter bergab, dann geht es nach links in die Via Colle Micheri. Durch einen Bogen betreten wir das Altstadtviertel um die Barockkirche San Matteo mit zwei schlanken Glockentürmen. Von hier sind es nur noch wenige Schritte durch einen Bahntunnel und über die Hauptstraße Via Aurelia hinweg in den alten Ortskern und zum Strand von **Laigueglia** 3 (5 Std.).

Tour 11

Kalksteinzinnen über dem Tal

Von Aquila d'Arroscia auf den Peso Grande

Nahe der Küste von Albenga erhebt sich zwischen den tief eingeschnittenen Tälern von Pennavaire und Arroscia das Kalkgebirge Castell'Ermo: Aus dem Hügelland der Wiesen, Weiden und Wälder steigen unvermittelt Felstürme und Steilwände auf. Vom höchsten Punkt eröffnet sich ein Panorama vom Mittelmeer bis zu den Seealpen.

DIE WANDERUNG IN KÜRZE

Anspruch: ++

Gehzeit: 6 Std.

An-/Abstieg: 700 m

Charakter: Mittelschwere Bergwanderung; der kurze Anstieg von S. Calogero zum Peso Grande verlangt etwas Trittsicherheit; nicht völlig problemlose Orientierung, nicht alle Wege sind markiert.

Wanderkarte: Multigraphic, Carta dei Sentieri e Rifugi, »Alpi Marittime e Liguri«, Nr. 106/108, 1 : 25 000

Einkehrmöglichkeiten: Unterwegs keine; angenehmes Albergo mit Trattoria und Bar beim Ausgangspunkt

Anfahrt: Mit dem **Pkw** on Albenga Richtung Pieve di Teco, dann Abzweig nach Onzo nehmen und über Costa Barcelega weiter nach Salino, einem Ortsteil von Aquila d'Arroscia; früh morgens, mittags und abends fährt werktags ein **Bus** ins Tal mit Anschluss nach Albenga und Pieve di Teco.

Vom **Albergo Sole** in **Salino** gehen wir 100 m auf der Straße nach Westen, biegen auf die nach rechts ansteigende Nebenstraße. Nach 100 m endet die Asphaltierung. Für eine gute Stunde folgen wir nun dem Hauptfahrweg in Kehren nordwestlich den Hang hinauf. Dabei ignorieren wir etwa 50 m nach einer scharfen Linkskehre einen Rechtsabzweig, passieren 5 Min. danach zwischen Wiesen westlich ansteigend ein altes **Steinhaus** rechter Hand (20 Min.). In der folgenden Rechtskehre lassen wir einen links wegführenden breiten Weg unbeachtet. Bei der folgenden Gabelung gut 10 Min. später gehen wir links (Richtung beibehaltend), folgen auch bei einem weiteren Rechtsabzweig (45 Min.) dem Weg geradeaus, der gleich rechts an einem alten Steinhaus vorbeiführt. Nach einem Waldstück wandern wir hoch am Südhang mit Blick nach Aquila d'Arroscia. Wo sich der Fahrweg schließlich in Richtung auf die 200 m entfernte Passkapelle San Giacomo zu senken beginnt, biegen wir scharf nach rechts auf einen ansteigenden schmaleren Weg. Auf steinigem Pfad erreichen wir die Mauerreste des **Castello d'Aquila** 2 (1.10 Std.; schöner Blick ins Pennavaire-Tal).

61

Tour 11

Von der Ruine des Burgturms folgen wir auf schmaler Pfadspur dem kargen Höhenkamm nach Osten, der mit steilen Felswänden zum Tal des Pennavaire abbricht. Durch eine Senke und über die Kuppe Rocca Grande hinweg steigen wir zu einer lang gestreckten Wiese mit Kastanienbäumen hinunter und durchqueren sie zu ihrem östlichen unteren Ende. Hier beginnt ein gut ausgeprägter, bequem zu gehender Weg, der weiter östlich durch Waldstücke und an Viehweiden entlang zur Wegkreuzung beim kleinen Holzkreuz **Croce Salino** 3 führt (1.40 Std.). Wir überqueren hier einen breiten Weg, folgen einem schmaleren Weg geradeaus zum Waldrand, wo ein nach Regenfällen sehr lehmiges kurzes Wegstück auf einer Pfadspur rechts umgangen werden kann. Der Weg verengt sich bald zu einem Pfad, der immer geradeaus durch ein Wäldchen führt und sich schließlich am unteren Rand eines großen Farnfeldes verzweigt. Nach links abzweigend geht es durch dichten Farn 5 Min. nördlich den Hang hinauf, dann mit einer Rechtsbiegung eben zu einem aus dem Tal sich den Hang hinaufziehenden Kiefernsaum, hinter dem unvermittelt eine **große Ruine** 4 (Stallung, 2 Std.) auftaucht.

62

Von Aquila d'Arroscia auf den Peso Grande

Ein paar Meter dahinter zweigen wir von einem beginnenden breiten Weg nach links auf einen ansteigenden Pfad ab (Markierung: hohles rotes Dreieck). Nochmals geht es durch mannshohen Farn und Baumheide nordöstlich den Hang hinauf. Nach einigen Kiefern verläuft der Pfad in der Ostflanke des Bergrückens, eröffnet dabei einen schönen Blick zu den Felsabbrüchen des Peso Grande. Im Wald nach rechts schwenkend wird eine Felsfläche 5 (2.20 Std.) linker Hand passiert, von deren Rand man nochmals hinunter ins Tal des Pennavaire blickt. Der Pfad folgt dann meist im Wald der Kammlinie nach Osten. Bei einer Pfadgabelung halten wir uns links. Im Rechtsbogen steigen wir durch Wald zu einem breiteren Weg ab, der zum Pass **Colla d'Onzo** 6 hinunterführt (2.45 Std.).

Die Richtung beibehaltend, folgen wir einem ansteigenden Waldweg zu einem Picknickplatz, wo wir an Rastbänken vorbei links auf einen schmaleren Weg abzweigen (Hinweis nach Arnasco, zusätzlich Markierung: rotes X). Der stellenweise befestigte Weg steigt zwischen Ginsterbüschen kräftig an. Bei einer Gabelung links gehend erreichen wir schließlich das auf einer schönen Wiesenterrasse gelegene Kirchlein **San Calogero** 7 (3.15 Std.).

Wir gehen links am Gebäude vorbei, nehmen 50 m weiter einen leicht rechts von der Wiese wegführenden Pfad zu einem flachen Sattel, über dem sich der Felsgipfel des Peso Grande erhebt. Wir wenden uns nach links, folgen dem verlässlich markierten Pfad durch Hainbuchen und an Felsen vorbei an der Südseite des Gipfelaufbaus entlang. Im Rechtsbogen steiler ansteigend gelangen wir zu einem Felseinschnitt, halten uns links davon und stehen kurz darauf auf dem höchsten Punkt des **Peso Grande** 8 (3.30 Std.). Vom flachen Felsbuckel bieten sich atemberaubende Tiefblicke über steile Felskanten hinweg hinunter ins Tal des Pennavaire.

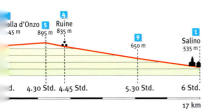

Tour 11

Aufstieg zum Peso Grande

Dem Hinweg folgend, wandern wir über die Colla d'Onzo 6 hinweg zurück zur **großen Ruine** 4 (4.45 Std.). Von hier folgen wir dem südlich zwischen Kiefern absteigenden Hauptweg (ohne Markierung). Wir bleiben ein langes Stück auf dem aussichtsreichen, mäßig abfallenden Weg, der zweimal eine scharfe Rechts-, dann Linkskehre beschreibt. Etwa 5 Min. nach der zweiten Linkskehre wird in einem Waldstück rechts unterhalb zwischen Bäumen ein parallel verlaufender, gut ausgeprägter Weg sichtbar 9 (5.30 Std.). Scharf nach rechts abzweigend, folgen wir ihm über eine Wiese rechts an einem alten Steinhäuschen vorbei. Dahinter geht es im Linksbogen durch einen Graben, dann am unteren Rand einer weiteren Wiese in den Wald hinein. Auf breitem Weg gelangen wir zurück zum Hinweg, auf dem wir in einer Viertelstunde wieder den Ausgangspunkt Albergo Sole in **Salino** 1 erreichen (6 Std.).

Tour 12

Im Tal der Neva

Von Zuccarello nach Castelvecchio di Rocca Barbena

Von der landwirtschaftlich intensiv genutzten Küstenebene von Albenga gelangt man rasch in schöne Flusstäler mit unberührter Naturszenerie. Auf felsigen Kuppen stehen die Ruinen einst stolzer Burgen, wie bei Castelvecchio di Rocca Barbena, einem der schönsten Dörfer im gesamten ligurischen Küstenhinterland.

DIE WANDERUNG IN KÜRZE

+ Anspruch
Charakter: Recht einfache Wanderung ohne harte und lange Anstiege; einfache Orientierung

3 Std. Gehzeit
Wanderkarte: Multigraphic, Carta dei Sentieri e Rifugi, »Alpi Marittime e Liguri«, Nr. 106/108, 1 : 25 000

10 km Länge
Einkehrmöglichkeiten: Bar und Trattoria in Castelvecchio und Zuccarello

Anfahrt: Mit **Pkw** von Albenga über Cisano sul Neva (13 km); werktags etwa 5 x **Bus** vom Bahnhof in Albenga nach Zuccarello; www.sar-bus.com

Wir durchqueren das Zentrum von **Zuccarello** 1 auf der arkadengesäumten Via Tornatore zum nördlichen Stadttor, treffen dahinter auf die um den Ortskern herumführende Durchgangsstraße. Wir biegen nach links, kreuzen die Neva, schlagen 100 m hinter der Flussbrücke die rechts abzweigende Nebenstraße ein (Markierung: roter Doppelbalken). Auf dem mal asphaltierten, mal erdigen Fahrweg folgen wir dem Flusslauf. Wir ignorieren einen nach rechts über eine alte Steinbrücke abzweigenden Pfad (25 Min.), passieren das Gebäude einer Gärtnerei, gelangen zu einem schönen Rastplatz am Ufer, wo sich die Neva durch Felsen zwängt. Danach verengt sich der Weg zu einem Pfad und beginnt etwas vom Bachtal weg durch karge Macchia für etwa 10 Min. steiler anzusteigen. Wir gelangen auf eine felsige **Kuppe** (45 Min.) mit Blick in das schluchtartig verengte Tal der Neva. Auf stellenweise etwas überwachsenem Pfad kommen wir zu einem Weinfeld, von hier auf besser ausgeprägtem, stellenweise gepflastertem Pfad abwärts zurück zur Neva, die wir auf einer alten **Steinbrücke** 2 bei der romanischen Kapelle Santi Cosma e Damiano überqueren. Nach links ein paar Minuten ansteigend erreichen wir die mittelalterlich kompakt am Hang stehende Häusergruppe **Erli-Bassi** 3 (1 Std.).

Im Weiler biegen wir nach rechts auf die Via Bassi (Markierung: rotes T), verlassen die Straße 200 m wei-

65

Tour 12

chio bis zum Ende einer Rechtskurve, wo wir einen nach links abzweigenden grasigen Pfad einschlagen. Dieser kreuzt gut 10 Min. später die Straße, erreicht diese erneut. Auf ihr weiter ansteigend, erreichen wir in wenigen Minuten das pittoreske, von einer wuchtigen Burgruine überragte Dorf **Castelvecchio di Rocca Barbena** 4 (1.45 Std.).

Auf Höhe des Ortskerns biegen wir nach rechts in die Via Roma, die an der Trattoria/Bar del Ponte vorbei ins alte Dorfzentrum führt. Wir folgen der gepflasterten engen Hauptgasse und verlassen rechts an der kleinen Dorfkirche unterhalb der Burg vorbei den alten Ortskern nach Süden; schöner Blick zurück auf Dorf und Burg. Es geht geradeaus auf der markierten Hauptroute, einem angenehmen Weg durch Olivenhaine und kleine Waldstücke. Wir passieren die kleine Kapelle **San Giuseppe** (2 Std.), verlassen nach ein paar Minuten in einer deutlichen Rechtskurve den Hauptweg, um den geradeaus abzweigenden Pfad einzuschlagen. Dieser senkt sich etwas breiter werdend schließlich zu einem Fahrweg und einer Wegkreuzung 100 m unterhalb der weithin sichtbaren Burgruine. Auf dem Weg geradeaus bringt uns ein kurzer Abstecher zu den in schöner Panoramalage auf einem Hügel gelegenen Mauerresten des mittelalterlichen **Castello di Zuccarello** 5 (2.40 Std.). Zurück bei der Wegkreu-

ter in einer Linkskurve und folgen dem nach rechts abwärts führenden betonierten Weg. Bei dessen tiefstem Punkt wenden wir uns nach rechts auf einen Pfad und kreuzen an einer Furt (Trittsteine) den Vernea-Bach. Dahinter geht es leicht links auf stellenweise etwas überwachsenem schmalem Pfad steil den Hang hinauf. Auf dann besser ausgeprägtem Pfad gehen wir links an einem Holzzaun entlang und treffen auf die Durchgangsstraße bei einer **Gabelung** (1.20 Std.). Wir gehen kurz geradeaus Richtung Castelvec-

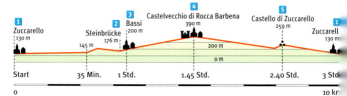

66

Castelvecchio di Rocca Barbena

zung unterhalb des Castellos, nehmen wir den vom Fahrweg westlich ins Tal absteigenden, anfangs grasigen, mit zwei roten Rauten gekennzeichneten Pfad. Der stellenweise noch gepflasterte alte Maultierweg führt mit einigen Kurven an der Nordwestseite des Burghügels entlang. Einen nach links ansteigenden Pfad ignorierend, gelangen wir schließlich ganz hinunter ins alte Zentrum von **Zuccarello** 1 (3 Std.).

Tour 13

Steile Pfade nach San Pietro

Von Toirano nach San Pietro in Monte

Über der verbauten Küste von Loano erhebt sich mit schroffem Vorgebirge gut 1300 m hoch der Monte Carmo. Auf schmalen Pfaden und alten Maultierwegen geht es durch diesen fast schon alpinen Landstrich.

DIE WANDERUNG IN KÜRZE

+++
Anspruch

6.30 Std.
Gehzeit

950 m
An-/Abstieg

Charakter: Recht anspruchsvolle lange Wanderung mit steilem anfänglichem Anstieg, der etwas Trittsicherheit verlangt; im Mittelteil nicht ganz einfache Orientierung

Wanderkarte: Multigraphic, Carta dei Sentieri e Rifugi, »Alpi Marittime e Liguri«, Nr. 103/104, 1 : 25 000

Einkehrmöglichkeiten: Unterwegs keine

Anfahrt: Werktags etwa 12 x, sonn- und feiertags 5 x **Bus** von Loano über Borghetto oder Boissano nach Toirano ganzjährig werktags um 8.55 und 9.40 Uhr, sonn- und feiertags um 9.15 Uhr; Hauptbushalt in Loano ist die Piazza G. Valerga an der Hauptstraße Via Aurelia Finale Ligure–Albenga.

Rückfahrt: Bus von Boissano nach Loano von Mitte Juni bis Mitte September um 15.30 (tägl.), 17.25 (werktags), 18.15 Uhr (tägl.); übrige Jahreszeit um 15.45 (werktags), 18.15 Uhr (tägl.); Bushalt an der Durchgangsstraße unterhalb des Dorfplatzes beim blauen SAR-Fermata-Schild. Fahrplan unter www.sar-bus.com.

Vom Kirchplatz von San Martino in **Toirano** 1 durchqueren wir auf der Hauptgasse den Ortskern nach Norden, folgen dann der Via Braida ge-

Von Toirano nach San Pietro in Monte

radeaus bis hinter das Rathaus (Municipio) und biegen nach rechts in die Via Certosa. Diese führt zwischen Häusern und Gärten zum Varatella-Bach, den wir auf einer alten Steinbrücke überqueren. Auf einem gepflasterten Weg, dann einer asphaltierten Gasse gelangen wir durch eine Häusergruppe hinauf zur **Kirchenruine Certosa,** biegen nach links auf die Via alla Certosa, die zur Durchgangsstraße Toirano–Boissano führt. Wir folgen ihr 50 m geradeaus und nehmen die zu den Grotte di Toirano ansteigende Nebenstraße (15 Min.). 100 m weiter zweigen wir nach rechts auf den mit »Antica mulattiera al Santuario di Santa Lucia/Sentiero delle Terre Alte« beschilderten Wanderweg ab. Auf schmalem Pflasterpfad geht es erst in kurzen Serpentinen zwischen Olivenbäumen kräftig bergan, dann nordwestlich etwas weniger steil entlang einer Mauerbrüstung in Richtung auf die oberhalb zwischen Zypressen im Fels klebende Kapelle Santa Lucia. Beim Ende des Anstiegs treffen wir auf einen bis hierher asphaltierten Weg. Nach rechts gehend und den ersten Abzweig nach links nehmend, gelangen wir auf einem Abstecher zum **Felskirchlein Santa Lucia** 2 (35 Min.; geradeaus endet der Weg nach wenigen Metern beim Ausgang der Grotte di Toirano).

Für den Weiterweg folgen wir nördlich dem Asphaltweg, der kurz etwas abfällt, dann rechts ansteigend zum Eingang der **Grotte di Toirano** 3 führt (45 Min.).

Wir gehen nach links, unmittelbar rechts am Besuchergebäude vorbei, hinter dem ein mit gelb-rotem Doppelbalken markierter Pfad beginnt (Sentiero delle Terre Alte). Er führt nordöstlich in ein einsames Felstal hinein. Bei einer Pfadverzweigung nach 5 Min. halten wir uns rechts, folgen einem steinigen Macchiapfad bergan. Gut 5 Min. später muss ein abgerutschtes Wegstück nach links absteigend umgangen werden. Gleich danach ignorieren wir einen mit »Anello di San Pietro, Sentiero dei Daini« beschilderten Linksabzweig, bleiben auf dem Hauptpfad, der zunächst im Rechtsbogen ein Wäldchen durchquert, dahinter nach links über Kalksteinflächen ein paar Minuten steil ansteigt. Nach kurzem etwas weniger anstrengendem Wegstück folgt nochmals ein kräftiger Anstieg parallel zu einem steinigen Bachgraben linker Hand. Zuletzt durch eine steinige Rinne und über Felsstufen aufsteigend (beschwerlich, aber nicht gefährlich), gelangen wir auf einen **Bergsporn** (1.30 Std.). Von hier folgen wir einem östlich am Südhang verlaufenden ebenen Pfad. Er quert nach rechts einen meist trockenen Bachgraben, um dahinter leicht links an einer ebenen Waldfläche (Köhlerstelle) vorbei anzusteigen. Wir kreuzen einen Querpfad, folgen bergan über Waldterrassen den gelb-roten Markierungen. Unser Pfad führt schließlich rechts an einer Quelle vorbei und erreicht die kleine Hochfläche **Prato Pietrino** 4 mit von Eichen und Kiefern beschatteten Rastwiesen (1.40 Std.); vom Westrand der Felsterrasse bietet sich ein

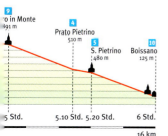

schöner Blick über die Kalkfelsen von Toirano.

Wir überqueren die Wiese 50 m nach rechts (südlich) zu einem beginnenden Pfad, der gleich zu einer Quelle führt, wo wir einen rechts abwärts führenden markierten Pfad ignorieren. Auf der leicht absteigenden Spur geradeaus (ohne Markierung) gehen wir über Wiesen und am Waldrand entlang zur Kirche **San Pietrino** 5 (1.50 Std.) vor, von der aus die zugebaute Küstenebene von Loano sichtbar wird.

Ca. 50 m oberhalb des Kirchleins folgen wir einem Holzschild »Rifugio Pian delle Bosse« und einem nördlich parallel zu einem Eisenrohr ansteigenden Pfad (Markierung: rotes X und rot-gelber Doppelbalken). Etwas weiter biegen wir nach rechts zu zwei Häuschen mit rundem Dach, steigen dahinter im leichten Linksbogen den mit Wacholder, Zistrosen und einzelnen Kiefern karg bewachsenen Macchiahang hinauf. Kurz nach einem Wegstück im Buschwald (2 Std.) wendet sich der Pfad nach links, beschreibt einige Kehren und schwenkt noch etwas nach links (westlich) zu einer kleinen **Wiesenterrasse** mit Ausblick über das Varatella-Tal (2.15 Std.).

Der Pfad wendet sich dann wieder in mehr nördliche Richtung, trifft weiter ansteigend auf einen unvermittelt beginnenden gepflasterten Weg, der für die Truppen Napoleons angelegt wurde. Er zieht sich nordöstlich den Hang hinauf, beschreibt eine Links-, dann Rechtskurve, hinter der wir mit der Markierung auf einen links abzweigenden Pfad abbiegen. Dieser führt durch lichten Buchenwald, dann rechts von diesem über Wiesen und durch kleine Waldstücke kräftig bergan und erreicht schließlich einen Wiesenhang mit einigen Steinhäuschen, den **Case Peglia** 6 (2.50 Std.); hier bietet sich ein weiter Ausblick über die Buchten von Pietra Ligure und Alassio.

Der gelb-rot markierte Weg zweigt hier nach rechts abwärts. Wir steigen jedoch an einer alten Schichtsteinhütte vorbei die Hangwiese im Linksbogen ganz hinauf, gelangen beim oberen Ende, rechts von einem alten Steingebäude, auf eine leicht rechts (nördlich) wegführende Pfadspur. Über Steinblöcke hinweg geht diese gleich in einen gut ausgeprägten Waldpfad über (Markierung: rotes X). Im Schatten der Buchen wandern wir hoch über dem Tal in der Ostflanke des Monte Ravinet, gewinnen dabei noch etwas an Höhe. Auf einem Waldsattel passieren wir die Ruine **Ca du Fo** 7 (3.15 Std.), hinter der nach links abwärts ein durch zwei rote Punkte markierter Pfad abzweigt, der Weiterweg nach San Pietro in Monte.

Des Ausblicks wegen lohnt zuvor ein **Abstecher** geradeaus auf dem mit rotem X markierten Pfad: An der Westflanke des Bergrückens entlang geht es zu einem schönen **Wiesenrastplatz** 8 (3.30 Std.); über den Felsklotz von San Pietro in Monte hinweg blickt man zur Küste mit der Insel Gallinara.

Zurück bei der Ruine **Ca du Fo** wenden wir uns auf den durch rote Punkte markierten westlich absteigenden Pfad, der nach gut 5 Min. scharf nach links biegt und die Quelle **Fontana da Castagna** mit einer alten Badewanne als Tränke erreicht. 30 m unterhalb weist ein Schild auf einen ebenen Pfad nach links Richtung San Pietro. Er trifft nach 100 m auf einen breiteren, parallel zu einem Eisenrohr verlaufenden Pfad (Markierung: rotes Dreieck und waagerechter Doppelstrich), der uns auf die

Von Toirano nach San Pietro in Monte

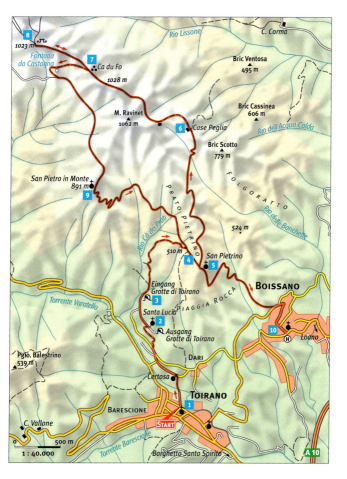

Bergkuppe mit der Kirche **San Pietro in Monte** 9 (4.15 Std.) bringt.

Der Abstieg von San Pietro beginnt 100 m westlich des Kirchleins am Rand der Höhe einige Meter links von einer kleinen Lastenseilbahn. Der stellenweise gepflasterte Pfad steigt nach links biegend um die Südwestflanke des Berges von San Pietro ab (Markierung: roter Doppelstrich). In Serpentinen geht es durch karge Macchia für 20 Min. recht steil nach Osten abwärts, da-

nach verläuft der Pfad weniger abschüssig im Rechtsbogen am Waldrand entlang und erreicht schließlich die bekannten Wiesen von **Prato Pietrino** 4 (5.10 Std.).

Dem Hinweg folgend, erreichen wir erneut die Kirche **San Pietrino** 5 (5.20 Std.). Vor der Kirche nach rechts biegend, treffen wir auf einen südwestlich absteigenden, anfangs steinigen Pfad (Markierung: rotes X und roter Doppelstrich), der nach 250 m eine Linkskehre beschreibt.

71

Tour 13

Bei Toirano

Auf einer stellenweise gepflasterten alten Pilgerroute verlieren wir stetig an Höhe, anfangs durch Waldstücke gehend, später, nach einer scharfen Rechtsbiegung bei einer **Ruine** (5.40 Std.), durch karge Macchia mit Blick auf die Küstenebene.

Am Ortsrand von Boissano kreuzen wir eine Nebenstraße, folgen der Via San Pietrino abwärts zu einem Christusbildnis unter Feigenbäumen, biegen nach rechts in die Via Gandarini. Auf der Pflastergasse passieren wir die alte Häusergruppe **Case Gandarini**. Bei der folgenden Gabelung links abzweigend, gelangen wir zum Dorfplatz von **Boissano** 10 bei der Barockkirche San Pietro in Vincoli (6 Std.).

Wer nicht auf den Bus warten will, folgt am oberen Ortsrand von **Boissano** 10 der Nebenstraße nach rechts abwärts in 10 Min. zur Durchgangsstraße Boissano–Toirano. Man bleibt auf ihr bis 150 m hinter die Häusergruppe **Dari**, biegt nach links in die schmale Via XIII Novembre 1795 zur Kirchenruine von **Certosa** und geht auf dem Hinweg zurück nach **Toirano** 1 (6.30 Std.).

Toirano

Toirano hat ein verwinkeltes kleines altes Ortszentrum mit der Hauptkirche San Martino, einem reich ausgestatteten Barockbau. An der rechten Seite ist ein schönes Madonnenbild der Frührenaissance (15. Jh.) bemerkenswert. Auch San Pietro in Vincoli im nahen **Boissano** lohnt einen Blick in den mit barocken Bildwerken und Statuen geschmückten Innenraum.

Im ausgedehnten Höhlenkomplex der **Grotte di Toirano** finden sich neben interessanten Tropfsteingebilden und kleinen Karsttümpeln 12 000 Jahre alte versteinerte menschliche Fußspuren sowie die fossilen Knochen des riesigen Höhlenbären (geöffnet 9.30–12.30 und 14–17 Uhr).

Tour 14

Via del Sale

Durch das Tal des Rio della Valle zur Rocca Barbena

Die Route verläuft zunächst durch das von einem klaren Bergbach durchflossene Tal des Rio della Valle, folgt dabei einem alten Salzhandelsweg. Durch Buchenwald und über Bergwiesen erreichen wir schließlich die Rocca Barbena, einen isolierten kahlen Felsgipfel mit weiten Ausblicken in die ligurische Bergwelt.

DIE WANDERUNG IN KÜRZE

+++ Anspruch

5 Std. Gehzeit

1000 m Anstieg

Charakter: Trotz der 1000 Höhenmeter Anstieg auch für den Normalwanderer gut zu bewältigende Route. Der alte Maultierweg zum Toirano-Pass ist nirgends übermäßig steil; alle Wege sind markiert.

Wanderkarte: Multigraphic, Carta dei Sentieri e Rifugi, »Alpi Marittime e Liguri«, Nr. 106/108 oder 103/104, 1 : 25 000

Einkehrmöglichkeit: Keine

Anfahrt: Mit **Pkw;** etwa 4 km nördlich von Toirano kreuzt die Straße Toirano–Bardineto beim **Salto del Lupo** (Wolfssprung) auf einer hohen Brücke das Tal des Rio della Valle.

Rückfahrt: Mit **Bus** werktags um 15, sonn- und feiertags um 17.35 Uhr; im Sommer (Ende Juni bis Anfang Sept.) werktags um 14.35, sonn- und feiertags um 17.40 Uhr; Haltestelle an der Fahrwegeinmündung bei der Trattoria (Handzeichen geben!); Fahrplaninfo unter: ww.sar-bus.com.

Wer nicht auf den Bus warten will, kann in ca. 1.30 Std. zurück zum Ausgangspunkt wandern: Man nimmt gegenüber der Einmündung des Fahrwegs den nach links kurz absteigenden Fahrweg, der nach 100 m eben am Waldhang verläuft und in ca. 15 Min. auf den Hinweg bei der Wiese mit Stromleitung trifft.

Etwa 30 m vor dem östlichen Brückenkopf beim **Salto del Lupo** biegen wir nach rechts auf den anfangs asphaltierten Fahrweg (Markierung: rote Raute, Hinweis »Antica Via della Valle«). Dieser führt mäßig steil in das von hellen Kalkfelsen begrenzte Tal des Rio della Valle hinein. Nach etwa 15 Min. verengt sich der Weg etwas, und eine alte Pflasterung kommt ans Licht. Bei der folgenden Gabelung gehen wir rechts und erreichen ein **Betonhäuschen,** aus dem Wasserrauschen dringt (20 Min.).

Wir gehen links am Gebäude vorbei, kreuzen einen Bachgraben und folgen dahinter einem nach links (westlich) ansteigenden gepflaster-

Tour 14

ten alten Pfad. Auf dem verlässlich mit roten Rauten markierten Weg geht es stetig bergan. Hier und da wird der Blick auf helle Kalksteinwände frei. Wir passieren die Ruine einer Kapelle linker Hand, kreuzen einen **Seitenbach** 2 (45 Min.), über dem blaue Libellen schwirren. Etwa 15 Min. später verläuft der Pfad parallel zum Hauptbach, der über Steinstufen und mit kleinen Wasserfällen zu Tal fließt. Auf einer alten **Steinbrücke** (1 Std.) wechseln wir auf die westliche Bachseite. Der Pfad führt danach, etwas steiler werdend, nach links in den hier trockenen Bachgraben, der nach 100 m nach rechts verlassen wird. Der Pfad beschreibt einige Kehren im Wald, wendet sich dann flacher werdend kurz in mehr östliche Richtung und führt hinter einen niedrigen Steinwall, von wo sich ein schöner Blick hinunter ins durchwanderte Tal mit seinen Kalksteinwänden bietet. Nach links biegend erreichen wir nach einem Wegstück durch Buschwald eine schmale Wiese, unterqueren hier eine **Stromleitung** 3 (1.40 Std.) und treffen 50 m dahinter auf einen nach links wegführenden breiten Weg; wir wenden uns jedoch auf den nach rechts weiterführenden, mit roten Rauten markierten undeutlicheren Weg. Er steigt in nördliche Richtung durch Wald und Buschwerk weiter an und

trifft schließlich auf die **Straße Toirano–Bardineto,** der weiter bergan gefolgt wird. Nach einigen Minuten auf Asphalt mündet in einer Linkskurve von rechts ein Fahrweg ein. Wir bleiben auf der Straße bis zur Passhöhe **Giogo di Toirano** 4 (2.05 Std.), wo der ligurische Fernwanderweg Alta Via sie kreuzt.

Bei einer Erläuterungstafel wenden wir uns mit den rot-weißen Markierungen der Alta Via auf den nach links abzweigenden gut ausgeprägten Weg. Im Schatten des Laubwalds wandern wir nun in westliche Richtung. Bei einer deutlichen Verzweigung, wo rechts ein grün-weiß markierter Weg wegführt, gehen wir mit der Alta Via links. Wenig später erreichen wir eine Wegkreuzung, wo wir den links bergan führenden **Abzweig** nehmen (2.20 Std., zusätzliche Markierung: hohles rotes Quadrat). Nach kurzem steilerem Anstieg auf steinigem Untergrund folgt ein bequemer Weg über den mit Kastanien, Eichen und Buchen bewachsenen ebenen Höhenrücken des Monte Sebanco 5. Ein kurzer Zwischenabstieg führt zu einer **Waldlichtung** (2.40 Std.), wo wir geradeaus auf schmalem, Richtung Colle Scravaion beschildertem Weg weiterwandern. Nach weiteren 20 Wegminuten meist unter dem Blätterdach der Laubbäume mündet in

Durch das Tal des Rio della Valle zur Rocca Barbena

einer Waldsenke (Schild »Coletta, 937 m«) von links ein mit roten Quadraten gekennzeichneter Pfad ein, unser späterer Rückweg. Geradeaus treten wir nach 50 m auf einen **Wiesensattel** 6 mit weiten Ausblicken zur Küste und in die sanft grüne Waldlandschaft von Bardineto (3 Std.).

Auf der Wiese gabelt sich der Pfad. Für den Abstecher zur Rocca Barbena verlassen wir die leicht rechts weiterführende Alta Via und nehmen den durch rote Quadrate markierten linken Abzweig. Der schmale Pfad steigt zunächst an der Nordseite des Bergrückens kräftig an, führt dann weniger steil an Haselnussbüschen entlang zur anderen Bergseite hinüber. Nach einem Waldstück wandern wir mit weiten Ausblicken über eine Hangwiese in der Südflanke bergan. Der Pfad leitet danach zurück in den Wald, folgt zuletzt durch Buschwald und über kleine Lichtungen dem Verlauf des Höhenkamms. Schließlich erreichen wir die kahle Felskuppe **Rocca Barbena** 7 (3.45 Std.), von wo sich ein weites Panorama vom Meer bis zu den Gipfeln der Seealpen bietet.

Auf gleichem Weg wandern wir zurück, über die **Hangwiese** (4.20 Std.) hinweg, 50 m in den Wald hinein zur Gabelung beim Coletta-Pass. Hier nehmen wir den nach rechts abstei-

75

Tour 14

Punta Alzabecchi

genden Pfad (Markierung: rotes Quadrat). Im Schatten von Hainbuchen und Kastanienbäumen geht es auf nicht zu verfehlender Route stetig bergab. Nach einer schmalen Wiesenlichtung mündet der Pfad auf einen Fahrweg, der 200 m nach links abwärts, bei der Passhöhe **Sella Alzabecchi** 8, auf die Straße Toirano–Bardineto trifft (5 Std.).

Tour 15

Landschaftsidylle im Finalese

Von Finalborgo über Perti zum Pian Marino

Der Weg führt durch die Felslandschaft im Küstenhinterland von Finale Ligure. Vom verwinkelten Finalborgo geht es zu den Ruinen und Kirchen des winzigen Perti, danach in unberührte Natur, wo über Wiesentälern und Buschwäldern helle Kalksteinwände aufragen.

DIE WANDERUNG IN KÜRZE

Anspruch: +

Gehzeit: 3.30 Std.

Länge: 10 km

Charakter: Leichte bis mittelschwere Wanderung, überwiegend auf schmalen Pfaden, ca. 3 km auf schmaler Asphaltstraße fast ohne Verkehr; einfache Orientierung

Wanderkarte: Multigraphic, Carta dei Sentieri e Rifugi, »Alpi Marittime e Liguri«, Nr. 103/104, 1 : 25 000

Einkehrmöglichkeiten: Unterwegs keine

Anfahrt: Tägl. alle 20–40 Min. **Stadtbus** von Finalpia/Finale Marina nach Finalborgo

Wir verlassen die zentrale Piazza Garibaldi in **Finalborgo** 1 nach Norden über die Via Torcelli zur Piazza Tribunale. An deren linker (nordwestlicher) Ecke biegen wir in die schmale Via Beretta ein (Markierung: zwei rote Punkte, Hinweis zum Pian Marino). Der gepflasterte breite Weg steigt zwischen den letzten Häusern an, passiert nach gut 10 Min. die Burg **Castel San Giovanni**. Nach weiteren 5 Wegminuten Anstieg zweigt nach links ein Pfad zum Castello Gavone ab. Den Umweg über die Burgruine heben wir uns jedoch für den Rückweg auf. Wir bleiben auf dem gemütlichen Hauptweg geradeaus (ohne Markierung), der durch Olivengärten zu den wenigen Häusern von **Perti** 2 führt (25 Min.).

Vor der mittelalterlichen Kirche **Sant'Eusebio** wenden wir uns nach rechts auf das nordöstlich wegführende Sträßchen. Bald passieren wir die elegante Renaissancekirche **Nostra Signora di Loreto** mit ihren fünf zierlichen Türmen. Danach beschreibt das Sträßchen einen lang gezogenen Linksbogen in ein schönes, am oberen Ende von Kalkfelsen überragtes Tal hinein. Bei der Häusergruppe **La Valle** 3 nehmen wir cincn rechts abzweigenden Asphaltweg, der über einen Bach hinweg zwischen die Gebäude führt (45 Min.). Hinter dem letzten Haus biegen wir nach links, folgen jedoch nicht dem ebenen Talweg geradeaus, sondern einem gleich nach rechts abzweigenden Pfad (Markierung: drei rote Punkte, kleines Hinweisschild »San Antonino«). Der Pfad zieht sich durch dichten Buschwald mit einer Rechts-, dann Links-

77

Tour 15

Vom Kirchenportal führt ein schmaler Waldpfad noch gut 50 m zu einem **Aussichtspunkt** mit Blick über dunkelgrüne Waldlandschaft, aus der unvermittelt helle Kalksteinwände aufragen.

Wir gehen zurück zum Hauptpfad unterhalb des Castrum Perticae und folgen ihm nach rechts. Der schmale Weg führt mit leichtem Auf und Ab durch dunklen Niederwald mit verstreuten Kalkfelsen zu einem etwas breiteren Querpfad. Bevor wir nach links auf den Weiterweg einbiegen, lohnt ein Abstecher 50 m nach rechts, wo am Rand der Höhe **I Frati** stehen, zwei markante Kalksteintürme (1.30 Std.).

Wir gehen zurück zur Gabelung, folgen dem durch zwei hohe Rauten gekennzeichneten Pfad geradeaus. Unter dichtem Blätterdach wandern wir auf einem alten Pfad nördlich leicht bergan. Etwa 5 Min. nach den Felsen I Frati ignorieren wir einen undeutlichen, blau markierten Abzweig nach links, bleiben auf dem Hauptpfad, der hier, eben verlaufend, im Rechtsbogen zwischen Kastanien an überwucherten Hangterrassen entlangführt, um danach wieder anzusteigen. Der Wald lichtet sich und macht mediterraner Kalksteinmacchia mit Steineichen, Wacholder und Thymian Platz. Schließlich führt der Weg über eine niedrige **Passhöhe** 5 südlich der flachen Kuppe Bric del Frate (2 Std.), senkt sich dahinter als steiniger, kurzzeitig etwas unbequemer Pfad nach Westen

kehre die Bergflanke hinauf. Bei einem **Bergsattel** (1 Std.) lohnt ein kurzer Abstecher nach rechts auf einen ebenfalls mit drei roten Punkten markierten schmalen Pfad zu den wenigen Überresten des **Castrum Perticae**, einer mittelalterlichen Befestigungsanlage. Zwischen den Mauern leicht links ansteigend, sind wir alsbald bei der kleinen Kirche **San Antonino** 4, unter der sich eine winzige romanische Krypta verbirgt.

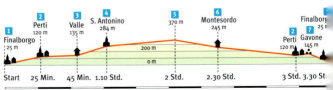

Von Finalborgo über Perti zum Pian Marino

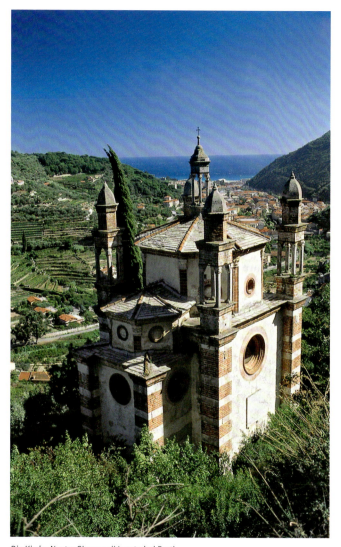

Die Kirche Nostra Signora di Loreto bei Perti

(Markierung: rotes Kreuz). Wir passieren einen aufgegebenen kleinen Steinbruch rechter Hand, blicken gleich darauf in eine von Kalkbergen eingerahmte Wiesenebene. Auf stellenweise ausgewaschenem Weg steigen wir zum **Pian Marino** hinab, den wir nach links (südlich) bis zu einigen schattigen Rastplätzen ganz durchqueren.

Wir verlassen die idyllische Wiesenebene beim unteren linken Rand

Tour 15

über einen mit zwei roten Punkten markierten in den Wald hineinführenden Pfad. Wir ignorieren undeutliche Abzweige, folgen dem Hauptpfad durch ein Wäldchen mit alten Kastanien parallel zu einem Bachgraben rechter Hand. An einer Gabelung halten wir uns rechts, kreuzen den Bachgraben und treffen auf einen Fahrweg, der nach links das winzige **Montesordo** **6** passiert. Beim letzten Haus schneiden wir mit einem links abzweigenden Pflasterpfad eine Kurve des Fahrwegs ab, folgen ihm dann nochmals 5 Min. westlich bergab zu einem **Rastplatz** beim Ende eines von links aus dem Tal hochkommenden Sträßchens (2.30 Std.).

Dieses bringt uns an La Valle und Nostra Signora di Loreto vorbei zurück zum im Mittelalter bedeutenden Weiler **Perti** **2** (3 Std.). Gegenüber der Kirche Sant'Eusebio nehmen wir den vom Hinweg rechts Richtung Castel Gavone abzweigenden gepflasterten Weg (Markierung: zwei rote Punkte), der 30 m weiter unmittelbar rechts an einem Haus mit Terrasse vorbeiführt. Nach kurzem kräftigem Anstieg im Niederwald stehen wir vor der wuchtigen Ruine des **Castel Gavone** **7**. Wir gehen links an den einsturzgefährdeten Mauern vorbei, überqueren auf einem Holzsteg den ehemaligen Burggraben, blicken zurück auf den mit Spitzsteinen verkleideten Hauptturm der Renaissancefestung. Ein durch karge Macchia südlich absteigender Pfad bringt uns in 5 Min. zum Hinweg, auf dem wir bald **Finalborgo** **1** erreichen (3.30 Std.).

Finalborgo und Perti

Das vollständig von Stadtmauern umgebene **Finalborgo** **1** zeigt ein gut erhaltenes Stadtbild des 15. Jh. Bei einem Rundgang durch die hübsche Altstadt mit ihren Barockfassaden und Torbögen trifft man u. a. auf die Pfarrkirche San Biagio mit ungewöhnlichem achteckigem gotischem Glockenturm und prachtvoll geschmücktem Innenraum. Mittelpunkt des Ortes ist die gemütliche, von farbigen Häusern gesäumte Piazza Garibaldi. Oberhalb auf einem Hügel erhebt sich die mächtige Ruine des Castel Gavone; der große »Diamantenturm« entstand beim Wiederaufbau 1449 nach Zerstörung der mittelalterlichen Vorgängerburg durch die Genuesen.

Die Kirche Sant'Eusebio in **Perti** **2** besteht aus einem barocken und einem älteren gotischen Teil, unter dem sich eine romanische Krypta verbirgt (Schlüssel zur Kirche in der Osteria Castel Gavone nebenan).

Tour 16

Im Dunkel der Steineichen

Bei Calvisio Vecchio im Hinterland von Finale Ligure

Schon lange vor Ankunft der Römer war das Küstenhinterland von Finale Ligure ein wichtiger Siedlungsplatz. Dies belegen Zeugnisse prähistorischer Bewohner, wie die jungsteinzeitlichen Steinritzungen auf den Felsplateaus, die wir auf dieser Tour passieren.

DIE WANDERUNG IN KÜRZE

++
Anspruch

4.30 Std.
Gehzeit

11 km
Länge

Charakter: Leichte bis mittelschwere Wanderung auf schmalen Wegen und Pfaden, ohne lange und steile Anstiege; trotz fast durchgängig vorhandener Markierungen ist die Orientierung im Buschwalddickicht nicht immer völlig problemlos.

Wanderkarte: Multigraphic, Carta dei Sentieri e Rifugi, »Alpi Marittime e Liguri«, Nr. 103/104, 1 : 25 000

Einkehrmöglichkeit: Keine

Anfahrt: Mit dem **Pkw** von Finalpia, dem östlichen Teil von Finale Ligure, auf Nebenstraße 3 km Richtung Orco/Feglino, dann nach links auf Stichstraße 500 m hinauf nach Calvisio Vecchio.

Tägl. alle 30–60 Min. **Bus** von Finalborgo über Finale Marina/Finalpia nach Calvisio; vom Busendhalt muss man 10 Min. die Nebenstraße bis Calvisio Vecchio hinaufwandern.

Die Wanderung beginnt in **Calvisio Vecchio** 1 bei San Cipriano, einer Barockkirche mit romanischem Campanile des 12. Jh. Wir nehmen den auf Höhe der Kirche nördlich wegführenden ebenen Erdweg (Markierung: rote liegende Raute). Durch Olivenhaine gelangen wir zur verlassenen Häusergruppe **Lacrema,** hinter der sich der Weg gabelt (10 Min.). Wir nehmen den rechten Abzweig (rote Raute).

Der stellenweise von Schichtmauern begleitete Pfad, eine alte Wegverbindung ins Gebirge, führt zunächst mit Ausblicken ins Tal des Rio la Fiumara um die felsige Ostflanke des Bric Reseghe herum, tritt dann in dichten Macchiawald mit immergrünen Steineichen. Für längere Zeit wandern wir nun im Schatten der Bäume. Der verlässlich markierte Pfad führt meist mäßig ansteigend etwa 20 Min. in nördliche Richtung, verläuft dann kurz mehr westlich in einem felsigen Bachgraben, der nach rechts wieder verlassen wird. Danach wird der Wald etwas lichter. Bei einem Querpfad wenden wir uns nach rechts, ignorieren wenig später einen mit drei roten Punkten markierten schmalen Abzweig nach links und gelangen alsbald auf eine verwilderte lange Wiesenlichtung mit der

Tour 16

Terrassierte Hänge bei der Kirche San Lorenzo

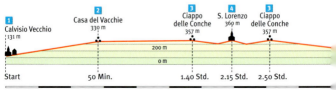

überwucherten Ruine des Bauernhauses **Casa del Vacchie** 2 (50 Min.). Der Pfad verläuft hier am rechten Rande der Wiesen, gelangt durch kurze Waldstücke zum nördlichen Ende der Lichtung. Von hier geht es, in etwa die Richtung beibehaltend, steiler im Wald bergan. Auf der Höhe treffen wir auf einen etwas breiteren Querpfad (1 Std.), dem wir nach rechts folgen (Markierung: rote Raute und rotes Quadrat; der Weg nach links ist unser Rückweg).

Wir wandern durch Kalksteinmacchia und Kiefernwald in nördliche Richtung. Westlich werden die Berge des Apennin-Hauptkamms sichtbar. Im Gegensatz zur verbauten nahen Mittelmeerküste wirkt das Land hier völlig menschenleer. Etwas nach rechts biegend tritt unser Pfad auf ein kleines Felsplateau, den **Ciappo dei Ceci** (1.15 Std.) Die hellen glatten Felsflächen dienten wahrscheinlich als prähistorische Siedlungs- und Kultstätte. Um Regenwasser zu sammeln, haben die frühzeitlichen Bewohner schmale Rinnen in den Stein geritzt.

Wir bleiben auf dem markierten Hauptpfad, der vom östlichen Ende des Felsplateaus nördlich wegführt. Im Rechtsbogen oberhalb eines Taleinschnitts rechter Hand ansteigend, gelangen wir erneut zu einem kleinen Felsplateau, dem **Ciappo delle Conche** 3 (1.40 Std.). Steinritzungen weisen auch diesen Platz als prähistorische Siedlungsstätte aus.

Wir halten uns hier leicht rechts, steigen kurz in östlicher Richtung im Wald ab. Danach nördlich wieder ansteigend geht es erhöht am Osthang des Monte Cucco entlang. Durch das Geäst blickt man bald nach rechts über terrassierte Hänge zur kleinen Kirche San Lorenzo auf einem Hügel beim Dorf Costa. An der folgenden Gabelung, wo links ein mit roten Punkten markierter Pfad ansteigt, nehmen wir den deutlicheren, mit einem roten Quadrat gekennzeichneten Pfad rechts. Nach kurzem Abstieg treffen wir auf einen Fahrweg, der nach links auf die schmale Straße nach Costa zuläuft. Etwa 50 m vorher biegen wir nach rechts auf einen ansteigenden Asphaltweg, halten uns bei der Gabelung wenige Meter weiter links, biegen 50 m danach erneut nach links auf einen Pfad (kleines Hinweisschild nach San Lorenzo). Auf grasig überwachsener Spur ansteigend, gelangen wir 50 m vor die ersten Häuser von Costa, wo wir scharf nach rechts biegen. Auf dem alten, stellenweise noch gepflasterten Pfad erreichen wir die Hügelspitze mit dem mittelalterlichen Kirchlein **San Lorenzo** 4 (2.15 Std.). Daneben erhob sich einst die Burg von Orco, von der nur unscheinbare Ruinen geblieben sind.

Auf dem Hinweg wandern wir zurück zur bekannten **Verzweigung** südlich des Ciappo dei Ceci (3.15 Std.), wo wir diesmal auf dem mit einem roten Quadrat markierten Hauptpfad geradeaus bleiben. Dieser passiert gut 5 Min. später eine Erläuterungstafel zur prähistorischen Siedlungsgeschichte des Finalese und trifft auf einen deutlichen Querpfad, dem nach links gefolgt wird (Markierung ab hier: rotes Dreieck mit Punkt darüber). Der Pfad senkt sich im Buschwald, die Küste

Tour 16

wird kurz sichtbar. Den Abzweig eines mit rotem Strich markierten Pfades ignorieren wir. Unser mit rotem Dreieck mit Punkt markierter Pfad führt schließlich rechts an einer Schichtmauer entlang (3.40 Std.) und gabelt sich: Die markierte Hauptroute, der Weiterweg, verläuft rechts absteigend; ein kleiner **Abstecher** (10 Min. hin und zurück) führt nach links durch die Schichtmauer auf ebenem Waldpfad zur kleinen Waldlichtung **Camporotondo**. Die einst von megalithischen Blöcken eingefriedete Wiesenfläche ist als Kultstätte der Stonehenge-Kultur identifiziert, und noch heute scheint der Ort eine unterschwellige Magie auszustrahlen.

Wir gehen zurück zum Hauptpfad (3.50 Std.), folgen ihm 15 Min. hinab in ein Waldtal, wo von rechts der mit einem roten Strich markierte Pfad einmündet **5**. Der geradeaus weiter absteigende Pfad (Markierung: roter Strich) verläuft parallel zu einem steinigen Bachgraben, zwischen Felsen und an Höhlen und alten Schichtmauern entlang. Beim Ausgang des dunklen Engtals zweigen wir nach links auf einen Pfad ab (4.15 Std.), der etwas ansteigend alsbald unter einer überhängenden hohen Felswand verläuft. Danach geht es auf altem Pfad an freundlichen Olivenhainen entlang bergab nach **Calvisio Vecchio** **1** (4.30 Std.).

Tour 17

Brücken und verwunschene Täler

Von Varigotti durch die Valle Ponci nach Finale Ligure

Ein Anstieg auf schmalen Pfaden führt mit schönen Meerblicken auf die Höhe, dann geht es durch das Hinterland von Finale Ligure, vorbei an Kalkfelsen und Grotten, über die antiken Brücken einer Römerstraße, durch Blumenwiesen, Buschwald und Olivenhaine.

DIE WANDERUNG IN KÜRZE

++ Anspruch

3.45 Std. Gehzeit

14 km Länge

Charakter: Mittelschwer. Meist bequeme Feld- und Waldwege, streckenweise schmale, steinige Pfade. Insgesamt 400 m Anstieg.

Wanderkarte: Multigraphic, Carta dei Sentieri e Rifugi, »Alpi Marittime e Liguri«, Nr. 103/104, 1 : 25 000

Einkehrmöglichkeiten: In Varigotti und Finale Ligure, unterwegs in der Bar/Trattoria La Grotta, Arma (1.30 Std. ab Varigotti, Tel. 019 698 457, Do geschl.)

Anfahrt: Busse von Finale Ligure nach Varigotti stündlich, Fahrzeit 15 Min.

Vom Ortskern in **Varigotti** 1 geht man auf der Uferpromenade rund 10 Min. in Richtung Finale Ligure. Beim Haus Nr. 89, hinter einer Kirche, schlägt man die Via della Posta 2 nach rechts ein (Markierung ab hier für knapp zwei Stunden: zwei rote Quadrate). Man folgt dem Sträßchen unter einer Unterführung, steigt an zu einer Querstraße, biegt nach links und gleich darauf nach rechts in einen ansteigenden Treppenweg. Für eine gute halbe Stunde verläuft die Route – streckenweise auf schmalen Pfaden steil bergauf. Schließlich erreicht man auf der Höhe einen breiten Weg und wendet sich nach links. Gleich darauf geht es vor einer Einfahrt nach rechts. In der nächsten Kurve nimmt man den Weg geradeaus zwischen Steinmäuerchen. Er endet bei einem Haus. Es geht geradeaus auf einem ansteigenden Waldpfad weiter, bis bei einer Straße der höchste Punkt der Wanderung 3 (289 m) erreicht ist. Jenseits der Straße steigt man geradeaus ab zur **Kirche San Giacomo,** biegt vor ihr nach links und gelangt wenige Minuten später zur **Bar/Trattoria La Grotta** 4 (1.25 Std.).

Am Restaurant vorbei führt der Weg abwärts in die **Valle Ponci,** das »Tal der Brücken«. In der Talsenke biegt man auf einem Querweg nach links 5. Bis kurz vor Verzi gilt nun die Markierung »roter Punkt«. Der Wanderweg verläuft auf der Trasse der antiken Via Iulia Augusta, die um 13 v. Chr. als Nebenstrecke der Küstenstraße Via Aurelia angelegt wurde. Von der Bedeutung dieser Ver-

Tour 17

bindung zeugten fünf monumentale Brücken, die sich in dem Tal erhoben. Gleich nach der Abzweigung passiert man die Ruinen zweier dieser Brücken. Der Weg führt im Tal weiter, vorbei an einem Bauernhof,

Von Varigotti durch die Valle Ponci nach Finale Ligure

und erreicht die besterhaltene Römerbrücke, den »Ponte delle Fate«. Sie trägt ihren Namen nach der

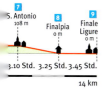

nahe gelegenen Grotta delle Fate (Feengrotte), wo Bärenknochen und Zeugnisse einer prähistorischen Besiedlung gefunden wurden. Kurz danach erheben sich rechts oberhalb steile, bei Freeclimbern beliebte Kalkfelsen. Einige Minuten später biegt man in einer Rechtskurve des breiten Weges nach links in einen schmaleren, ansteigenden Weg (Markierung ab hier bis Finalpia: rote Raute). Er führt zum hübsch gelegenen Dorf **Verzi** 6 (gut 2.30 Std.).

Am Dorfeingang biegt man in einen Pfad nach links, wandert am oberen Dorfrand entlang bis zu einem Sträßchen, biegt wieder nach links und verlässt den Ort nach Süden. Gut 5 Min. später wendet man sich von dem breiten Weg nach rechts in einen ansteigenden Pfad. Nach zehnminütigem Anstieg geht es auf einem abzweigenden schmalen Weg wiederum nach rechts. Dieser schöne, aussichtsreiche Pfad führt zunächst zwischen Ginsterbüschen und später unter Ölbäumen – mit Blicken auf Finale Ligure und das Meer – bis zum Weiler **San Antonio** 7 (3.10 Std.). Vor der Kirche geht es nach rechts auf einen betonierten Weg, 100 m danach auf einen Pfad nach links abwärts und dann in einem Olivenhain auf einem idyllischen steingepflasterten Maultierweg weiter abwärts bis zu einem Sträßchen. Hier nach links, sofort wieder nach rechts abwärts, wieder zu einer Straße und auf dieser nach links bis zur Uferstraße, die eine Viertelstunde später (ab San Antonio) in **Finalpia** 8 erreicht wird. Von hier kann man den Bus zurück nach Varigotti nehmen oder auf der Uferpromenade nach rechts ins Zentrum von **Finale Ligure** 9 wandern (3.45 Std.)

Tour 18

Wege über dem Golf von Genua

Von Crevari über den Monte Reixa nach Lerca

Zwischen Genua und Savona steigt der ligurische Gebirgsbogen 1000 m über der Küste auf. Nach langem Anstieg über Macchiahänge gelangen wir auf den baumlosen Höhenkamm mit weiten Ausblicken. Der Abstieg verläuft unter der Steilflanke des Monte Rama.

DIE WANDERUNG IN KÜRZE

+++ Anspruch

7.30 Std. Gehzeit

21 km Länge

Charakter: Anspruchsvoll: zu Beginn langer, meist schattenloser Anstieg, zum Ende z. T. steiler Abstieg auf steinigem, schmalem Pfad (Trittsicherheit erforderlich); in der heißen Jahreszeit früh starten und genug Trinkwasser mitnehmen; einfache Orientierung, alle Wege sind markiert.

Wanderkarte: Ed. del Magistero Genova, Guida dei Sentieri, »Genova Varazze Ovada Busalla« 1 : 50 000

Einkehrmöglichkeiten: Bar und einfache Trattoria beim Passo del Faiallo.

Anfahrt: Von der Bahnstation Genua-Voltri an der Strecke Genua Piazza Principi–Savona tägl. alle 30–60 Min. mit **Stadtbus**, Linie Nr. 96, nach Crevari (15 Min. Fahrzeit); die Busse starten in Voltri etwa 200 m westlich des Bahnhofs an der Hauptstraße Via Don Giovanni Verità gegenüber der Bar Da Guido Vini.

Rückfahrt: Mit **Kleinbus** Lerca–Bahnhof Cogoleto werktags um 14.45, 16.40, 17.55, 19.50, 20.30 Uhr, sonn- und feiertags um 14.25, 17.00, 19.18, 20.45 Uhr (Fahrzeit 15 Min.). Von Cogoleto häufig **Bahn** nach Genua-Voltri (10 Min. Fahrzeit). Busfahrplan: www.www.atp-spa.it.

Hinweis: Mit einer Übernachtung im einfachen Albergo/Ristorante Faiallo kann man die Wanderung auf zwei Tage verteilen; Albergo Faiallo, 17040 Urbe Vara Superiore, Via Faiallo 25, Tel. 0 19 73 31 01, Zimmer ohne Bad, Halbpension ca. 30 Euro.

Vom Endhalt des Busses in **Crevari** , der kleinen Piazza G. Montagna, folgen wir der oberhalb des Platzes links wegführenden Via Pissapaola. Nach 200 m nehmen wir rechts den Stufenweg Via Campenave, der ansteigend den Blick auf den Hafen von Genua freigibt. Bei der folgenden Gabelung gehen wir links, links an Haus Nr. 62 vorbei, folgen 50 m weiter rechts dem Asphaltweg, der in einen Erdweg übergeht. Bei der

88

Von Crevari über den Monte Reixa nach Lerca

folgenden Gabelung links. Auf einem Pfad steigen wir zu einer schmalen Asphaltstraße an, die nach links aus dem Dorf hinausführt (Markierung ab hier bis zum Passo Gava: rotes X). Wir bleiben für etwa 15 Min. auf dem etwas ansteigenden Sträßchen, lassen diverse Abzweige unbeachtet, wandern schließlich an einem eingezäunten Grundstück entlang.

An dessen Ende tauchen rechts das Tor zu Haus Nr. 45 und eine Gedenktafel für Giacomo Canepa auf, wo wir einen rechts abzweigenden Pfad einschlagen. Stellenweise noch gepflastert, führt er durch dürren Kastanienwald und Heidekraut und trifft am Ende einer schmalen Wiesenlichtung auf einen breiteren **Querweg** (40 Min.). Wir gehen 30 m nach rechts in den Wald und zweigen nach links auf einen schmaleren Pfad ab. Dieser steigt im langen Rechtsbogen kontinuierlich an, erreicht, den Wald verlassend, einen offenen Höhenrücken, wo im Frühsommer zahlreiche Margeriten blühen. Wir halten uns links, steigen den kargen Bergrücken hinauf. Der Pfad kreuzt einen Querweg und unterquert gleich darauf eine Stromleitung. Mit weiten Ausblicken in die Bucht von Genua zieht er sich grob gepflastert stetig den von rostbraunen Felsblöcken durchsetzten kargen Hang hinauf. Nach links um die Hügelflanke biegend (1.15 Std.), wird der Pfad weniger steil, verläuft westlich in der Nordflanke des **Monte Pennone** zu einer Passhöhe, wo die Küste von Arenzano sichtbar wird. Auf ebenem Pfad durch Heidekraut gelangen wir von hier in wenigen Minuten zur Steinhütte **Casa Ex Dazio** (1.30 Std.).

Danach gewinnt der weiterhin mit rotem X markierte Pfad in der felsigen Südflanke des **Monte Tardia** weiter an Höhe. Nach einer Viertelstunde ab der Casa Ex Dazio wird eine weitere **Passhöhe** [2] erreicht, hinter der sich der Pfad, nun an der Nordseite des Monte Tardia, zu senken beginnt. Durch sehr einsame Berglandschaft gelangen wir hinunter zum **Passo della Gava** [3] (2.15 Std.), einem einst wichtigen Wegeübergang zwischen Küste und Hinterland. Im Frühsommer setzen blühende Narzissenwiesen freundliche Akzente in einer steinigen Bergregion.

Beim Pass nehmen wir den nördlich weiterführenden Pfad (Markierung: zwei rote Punkte), der, weiterhin mit weiten Ausblicken, nun in der Ostflanke des Hauptkamms ansteigt. Gut 15 Min. ab dem Passo della Gava lassen wir den Abzweig nach links zum Rifugio Gilwell unbeachtet, folgen einem schönen, kurz fast eben verlaufenden Pfad am Hang unter bizarren Felsen. Im Rechtsbogen wird ein steiniger Graben gekreuzt. Danach wird der Pfad wieder steiler, beschreibt einige Serpentinen, führt an zwei Gedenktafeln für Verstorbene vorbei. Schließlich biegt er nach links um die Bergflanke, wo an der Nordseite des Gebirges unvermittelt Buchenwälder beginnen. Auf bequemem Waldweg erreichen wir eine **Gabelung** (3.30 Std.): Geradeaus über die Wiese absteigend träfe man in 3 Min. auf das einfache Albergo mit Bar/Trattoria am **Passo del Faiallo** [4], unser Weiterweg folgt jedoch dem mit einem hohlen roten Quadrat markierten schmalen Pfad links, der gleich auf einen Querweg trifft. Nach links durch lichten Buchenwald ansteigend, gelangen wir auf den Höhenrücken des Monte Reixa, folgen von hier auf bequemem Pfad

Tour 18

durch Haselnussgebüsch dem Kammverlauf nach Westen. Zuletzt auf steinigem Weg kurz steiler ansteigend, erreichen wir den flachen Gipfel des **Monte Reixa** 5 (4 Std.), wo bei einem Felsen mit Kreuz ein kleiner Madonnenaltar steht.

Von hier folgen wir weiter dem baumlosen Kammrücken (Markierung: blaue Punkte). Zunächst geht es bergab in eine Senke, wo man auf die rot-weißen Markierungen des von rechts hochkommenden Fernwanderweges Alta Via trifft, dann geradeaus auf der Alta Via nochmals bergan auf den flachen Höhenrücken **Rocca Vaccaria** (4.10 Std.). Auf schönem Aussichtspfad wandern wir weiter auf dem Kammrücken nach Westen. Nach Süden geht der Blick 1000 m tief hinunter zur Küste von Arenzano, nach Westen über weite Wiesen zur felsigen Ostflanke des Monte Rama. An besonders klaren Tagen kann man am Horizont den gesamten südlichen Alpenbogen ausmachen. Ca. 200 m unterhalb eines weithin sichtbaren hellen Steingebäudes wird in leichtem Rechtsbogen eine **Fahrspur** gekreuzt (4.30 Std.). Einen nach links zum Monte Argentea beschilderten Abzweig lassen wir unbeachtet. Kurze Zeit später senkt sich der Pfad in eine von Kiefern beschattete **Wiesensenke** 6 mit Blick auf die Südflanke des Monte Rama (4.45 Std.).

Wir verlassen hier die Alta Via, biegen nach links auf den nach Arenzano beschilderten Pfad (Markierung: rotes Dreieck). Auf sehr steinigem Weg geht es 10 Min. bergab zu einem Querpfad. Dieser würde uns

90

Von Crevari über den Monte Reixa nach Lerca

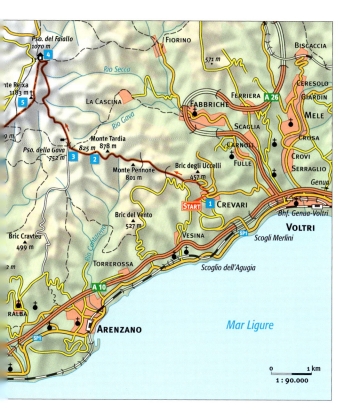

nach links in 3 Min. zur schön gelegenen Schutzhütte Rifugio Padre Rino führen, der Weiterweg verläuft jedoch rechts (Markierung: rotes A auf weißem Grund). Wir folgen einem ebenen Pfad in der Südflanke des Hauptkamms, der mehrfach eingestuft über große Steinfelder verläuft. Durch einen Schilfsaum tretend, erreichen wir schließlich die Trinkwasserquelle **Sorgente Spinsu** 7 (5.30 Std.).

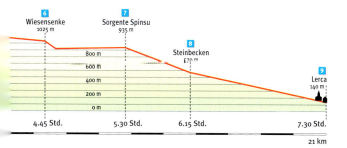

Tour 18

Am Monte Rama

Wir biegen hier scharf nach links auf einen nach Lerca beschilderten Querpfad (Markierung: zwei rote Striche). Er führt zunehmend steiler absteigend durch wild-einsames, felsiges Terrain, über kleine Hangwiesen und durch Steineichen- und Haselnusswald. Bald begleitet uns das Rauschen des Wildbachs **Rio di Lerca.** Ein 50 m breites **Geröllfeld,** das den alten Wanderpfad unter sich begraben hat, muss mit etwas Kraxelei vorsichtig passiert werden. Wir kreuzen schließlich einen Bach, der sich unterhalb der felsigen Steilflanke des Monte Rama in ein kleines **Steinbecken** 8 ergießt (6.15 Std.). Ab hier fällt der Weg weniger steil ab. Durch Kiefernwald geht es hoch am Hang über dem Tal des Rio di Lerca nach Süden. Bei einer Gabelung lassen wir den rechts Richtung Sciarborasca ansteigenden Abzweig unbeachtet. Der Pfad links trifft mit wieder steilerem Gefälle auf einen asphaltierten Weg, der nach links in 10 Min. zu einer Kapelle führt. Auf dem gegenüber rechts abzweigenden Weg erreichen wir das kleine **Lerca** 9 (7.30 Std.). Beim Rastplatz oberhalb der Dorfbar hält der Kleinbus zum Bahnhof von Cogoleto.

Von Pino zu den Bergfestungen von Genua

Am Rande der Großstadt

Von Pino zu den Bergfestungen von Genua

Mit einem baumlosen Wiesenrücken enden die Berge des Apennins unvermittelt am Rande Genuas. Vier Festungsruinen, düster-abweisende Wehrbauten, mit denen sich die reiche Hafenmetropole über Jahrhunderte vor ihren Feinden schützte, liegen am Weg.

DIE WANDERUNG IN KÜRZE

Anspruch: +

Gehzeit: 3.15 Std.

Länge: 10 km

Charakter: Leichte Höhenwanderung auf schmalen, über lange Strecken schattenlosen Wegen; einfache Orientierung

Wanderkarte: FIE Carta dei Sentieri 1 : 25 000, »Sentieri dei Forti di Genova, Nervi e Recco«

Einkehrmöglichkeiten: Bar/Pizzeria beim Colle di Trensasco (Mo/Di Ruhetag, Mi–Fr ab 15, Sa/So ab 9 Uhr geöffnet), Bars und Trattorien beim Endpunkt

Anfahrt: Vom Bahnhof Genua-Piazza Manin mit der **Schmalspurbahn** Richtung Casella bis Pino fahren; Bedarfshalt, dem Schaffner vorher Bescheid geben und den roten Knopf drücken, Pino kommt nach Campi; Fahrzeit gut 20 Min., werktags um 7.38, 9.04, 10.34, 12.20, 13.22, 14.40, 16.22, 17.20, 18.34, 19.32 Uhr; 2009 fuhr nur um 12.20 ein Zug, zu den anderen angegebenen Zeiten ein Ersatzbus; sonn- und feiertags Zug um 10.00, 11.30 Uhr; Fahrplanauskunft im Internet: www.ferrovia genovacasella.it
Zum Bahnhof Piazza Manin fahren die Stadtbuslinien 33 ab Bhf. Brignole und 34 ab Bhf. Piazza Principe.

Rückfahrt: Ins Stadtzentrum von Genua mit der häufig verkehrenden Righi-Standseilbahn

Beim Schmalspurbahn-Haltepunkt **Pino** 1 wenden wir uns nach rechts (östlich) auf einen gepflasterten Weg, der alsbald zu einer Wegkreuzung führt. Wir nehmen den Abzweig rechts, der leicht ansteigend in den Wald hineinführt (Markierung: rotes Andreaskreuz). Auf schattigem, breitem Weg wandern wir parallel zur Bahntrasse zum **Colle di Trensasco** (20 Min.), dem Straßenpass nordöstlich unterhalb der Bergkuppe mit dem Castello Diamante.

Wir gehen 30 m nach rechts auf der Straße, biegen dann nach links in einen Weg, der rechts an der Bar/Pizzeria Baita del Diamante vorbei führt. Hinter dem Gebäude lassen wir einen mit drei roten Punkten markierten Abzweig unbeachtet und folgen dem ebenen Hauptweg geradeaus. Wir wandern in der Ost-

93

Tour 19

flanke des sich nach Genua hinunterziehenden Höhenrückens. Die Großstadt scheint weit entfernt, im Frühsommer säumen gelb blühende Ginsterbüsche den schmalen Weg. Nach etwa 15 Min. ab dem Colle di Trensasco beschreibt er einen Linksbogen, folgt ein Stück einer Hangbefes-tigung und passiert wenig später ein Waldstück mit Rastbänken. Etwa 150 m nach dem Rastplatz nehmen wir einen rechts abzweigenden Pfad 3 (45 Min.), der mit vielen roten X markiert ist. Einem alten gepflasterten Maultierweg folgend, steigen wir die Bergflanke hinauf, gelangen in den Einschnitt Passo del Giadino beim höchsten Punkt des Pfades; hier biegen wir nach rechts die Böschung hoch auf einen schmaleren, mit rotem Dreieck markierten Pfad. Er führt im Rechtsbogen bergan durch ein Wäldchen, passiert dann offenes Wiesengelände und erreicht den Sattel **Colle del Diamante** 4 (1.15 Std.). Ein Abstecher führt von hier auf gepflastertem Serpentinenweg ganz hinauf zur auf einer Bergkuppe thronenden großen Festungsruine **Forte Diamante** 5 (1.30 Std.).

Zurück beim Bergsattel, nehmen wir nicht den breiten Hauptkammweg geradeaus, sondern einen etwas rechts von diesem kräftig ansteigenden Pfad (ohne Markierung). Wir gelangen auf eine flache kahle Aussichtskuppe, folgen hinter einem Waldsaum an der Südseite nach rechts abwärts einem schmalen Weg, der an einer Stallruine vorbei zum sichtbaren **Forte Fratello Minore** 6 (2 Std.) führt. Etwa 50 m davor biegen wir scharf nach links. Auf einem in der Südflanke im Rechtsbogen absteigenden Pfad gelangen wir zurück auf den breiten Kammweg.

Dieser bringt uns in wenigen Minuten am Hügel mit dem kleinen **Forte Puin** vorbei vor das **Forte Sperone** 7 (2.35 Std.). Hinter einem hellen Trafoturm verlassen wir den Hauptweg nach links, nehmen einen mit hellblauen Balken markierten Pfad. Dieser senkt sich an den Mauern der Sperone-Festung entlang zu einem breiteren, asphaltierten Weg. Auf diesem geht es kurz nach rechts in eine Senke, wo wir auf einen links abzweigenden Pfad einbiegen (kleines Schild »Righi Pedonale«, Markierung rote Raute und rotes X). Der Pfad verliert weiter an Höhe, rechter Hand erheben sich weitere Festungsmauern. Wir gelangen zu einem breiteren Weg, der kurz asphaltiert bei einem Schuppen endet, und folgen einem geradeaus im Schatten hoher Mauern weiter absteigenden Pfad, der schließlich hinter einer Schranke auf eine Straße trifft. 50 m nach rechts ist die **Station der Righi-Bahn** 8 erreicht (3.15 Std.).

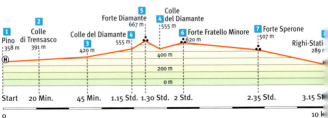

94

Von Pino zu den Bergfestungen von Genua

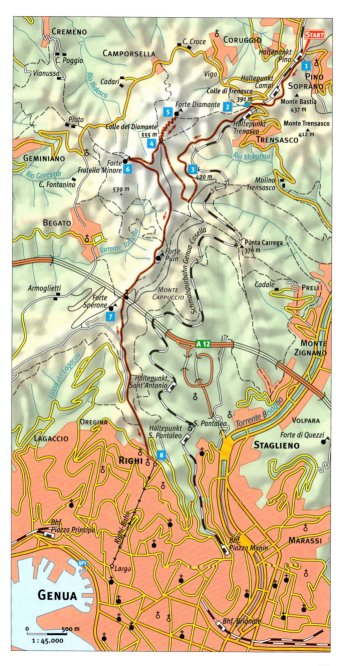

Tour 20

Buchenwälder, Blumenwiesen

Zum Monte Antola

Im Hinterland östlich Genuas erstreckt sich eine Apenninlandschaft mit tief eingeschnittenen Tälern, bewaldeten Bergflanken und offenen Höhenkämmen. Höchster Berg ist der Monte Antola, ein sanfter Grasgipfel, wo im Frühsommer zahlreiche Wildblumen blühen.

DIE WANDERUNG IN KÜRZE

Anspruch: ++

Gehzeit: 5.30 Std.

Länge: 16 km

Charakter: Lange, aber nicht allzu anstrengende Mittelgebirgswanderung auf angenehmen Wegen und Pfaden, ohne harte Anstiege; bis zur Casa del Romano einfache Orientierung auf markierten Wegen, schwieriger ist die letzte Wegstunde vor Propata. Rundwegvariante s. S. 100.

Wanderkarte: Multigraphic, Carta dei Sentieri e Rifugi, »Appennino Ligure« Nr. 5/7, 1 : 25 000

Einkehrmöglichkeiten: Casa del Romano nach gut 4 Std., Tel. 0 10 95 94 69; Albergo/Trattoria/Bar auch im Zielort Propata

An-/Rückfahrt: Mit dem **Pkw** von Genua Richtung Chiavari, dann über Torriglia nach Donnetta. Etwa stündlich **Bus** von Genua Piazza della Vittoria (beim Bahnhof Brignole) nach Torriglia, von Torriglia werktags 3 x, sonn- und feiertags 2 x Bus nach Propata/Rondanina, der Bus hält am Abzweig der Nebenstraße nach Donnetta, von hier 10 Min. zu Fuß ins Dorf zum Ausgangspunkt. **Bus** von Propata nach Torriglia: werktags um 10, 13.40, 17.15 Uhr; sonn- und feiertags 9.15, 17.55 Uhr; Haltestelle unmittelbar beim Albergo Paulin (Handzeichen geben!); Fahrplan unter www.atp-spa.it (Linie Rondanina–Genova).

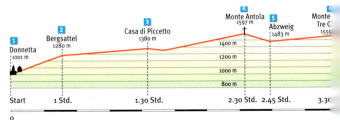

Zum Monte Antola

In **Donnetta** 1 wandern wir auf der Hauptstraße in westlicher Richtung durch das Dorf, gehen rechts am hell getünchten Kirchlein vorbei. Kurz dahinter, 100 m vor der Gabelung nach Pentema/Casoni, zweigen wir auf die nach rechts ansteigende Gasse ab, die bei den letzten Häusern in einen Wanderweg übergeht, der sich alsbald gabelt. Wir folgen rechts dem Hinweis zum Monte Antola (Markierung: zwei gelbe Punkte). Auf anfangs gepflastertem Weg geht es nun eine ganze Weile stetig bergan. Über Wiesen und durch kleine Waldstücke gewinnen wir rasch an Höhe. Nach etwa einer halben Stunde wird die Küste bei Genua sichtbar. Danach nochmals kräftig ansteigend, gelangen wir auf einen grasigen Hügelvorsprung (45 Min.), von dem der Weg in den Buchenwald hineinführt. Wir wandern im Waldschatten, zunächst auf ebenem Weg an der westlichen Hügelflanke, wechseln dann mit kurzem Anstieg über einen **Bergsattel** 2 (1 Std.) hinweg zur östlichen Bergseite. Mit weiten Ausblicken zum Lago di Brugneto geht es auf bequemer Route nach Norden. Nach einer Stromleitung senkt sich der Pfad etwas zu einer Wiese am Fuße des Grasrückens des Monte Duso, wo ein mit drei gelben Punkten markierter Pfad links abzweigt.

Wir bleiben jedoch auf dem mit zwei gelben Punkten gekennzeichneten Hauptweg geradeaus, der über Wiesen, dann im Wald an der Ostseite des Monte Duso entlangführt. Er biegt nach links um die nördliche Bergflanke herum und senkt sich kurz zu einem Wiesenpass mit weitem Panorama zur Küste, wo von links ein mit zwei gelben Quadraten markierter Weg einmündet (der Rückweg der Rundwegvariante).

Geradeaus gehend passieren wir 200 m weiter die Ruine **Casa di Piccetto** 3 (1.30 Std.). Nach Westen blickt man ins bewaldete Tal des Rio Orso, über dem die Ziegeldächer des Bergdorfs Chiappa rot aufleuchten. Nach der Casa di Piccetto senkt sich der Weg etwas zu einem Rastplatz mit Bänken, um danach ein längeres Stück im Buchenwald an Höhe zu gewinnen. Bei einem weiteren Rastplatz mit Aussicht zum Lago di Brugneto mündet von rechts ein breiterer, von Bavastrelli hochkommender Weg ein. Wir bleiben auf dem Weg geradeaus, der im Wald ansteigend gut 10 Min. später ein Haus (Rifugio) und dahinter eine neue Kapelle erreicht. Von hier sind es noch knapp 50 Höhenmeter nordöstlich den Wiesenhang hinauf zum Gipfel des **Monte Antola** 4 (2.30 Std.). Von der baumlosen Kuppe bietet sich ein schöner Blick über die Waldlandschaft des ligurisch-piemontesischen Apennins.

Vom Gipfelkreuz folgen wir der Wegspur den grasigen Rücken entlang nordöstlich abwärts zum Waldrand. Auf steinigem Pfad geht es im Schatten der Bäume zu einem Waldsattel hinunter, wo nach rechts ein mit gelbem Dreieck gekennzeichneter Weg nach Caprile abzweigt 5 (2.45 Std.). Wir folgen jedoch weiter dem mit zwei gelben Punkten markierten Weg geradeaus (Hinweis zur Casa del Romano). Für 5 Min. geht es nochmals steiler bergan, wobei

Tour 20

rechts abzweigende schmale Pfade ignoriert werden. Danach wandern wir mal im Wald, mal über Wiesen stetig auf dem Höhenkamm. Beim **Passo Tre Croci,** wo ein mit zwei gelben Rauten markierter Weg von rechts einmündet, stehen 50 m rechter Hand drei schlichte Holzkreuze (3.15 Std.). Von hier geht es nochmals geradeaus gut 50 Höhenmeter durch Wald bergan auf den Wiesenrücken **Monte delle Tre Croci** 6 (3.30 Std.). Mit prächtigen Fernblicken folgen wir dem Höhenkamm. Schließlich verläuft der Pfad in der südlichen Bergflanke an einem langen Weidezaun entlang, wechselt dann auf die Nordseite und gabelt sich in einer Wiesenmulde etwa 5 Min. nach dem Ende des Weidezauns. Der mit gelben Punkten markierte Weg verläuft links, wir nehmen jedoch rechts die Wegspur ohne Markierung. Über einen Grassattel hinweg senkt sich der deutlicher werdende Weg rechts an einem Waldsaum vorbei zu einem Kirchlein und trifft dahinter auf eine Asphaltstraße. 50 m nach rechts erscheint das Gebäude des Albergo **Casa del Romano** 7 (4.15 Std.).

Von der Casa del Romano wandern wir auf der Straße 10 Min. abwärts zu einer Gabelung. Wir gehen rechts, biegen dann unmittelbar vor dem braunen Ortsschild von Propata durch ein Eisengatter nach rechts auf einen wenig begangenen Waldweg. Dieser senkt sich zu einem breiteren Weg. Diesem 50 m nach links folgen, dann rechts einen absteigenden Pfad einschlagen. Durch ein Waldstück, danach über eine Hangterrasse wird eine hell getünchte **Gebetsnische mit Madonnenfigur** (4.30 Std.) erreicht. Von hier steigen wir auf einem alten, etwas breiteren Weg 150 m abwärts, zweigen etwa

Zum Monte Antola

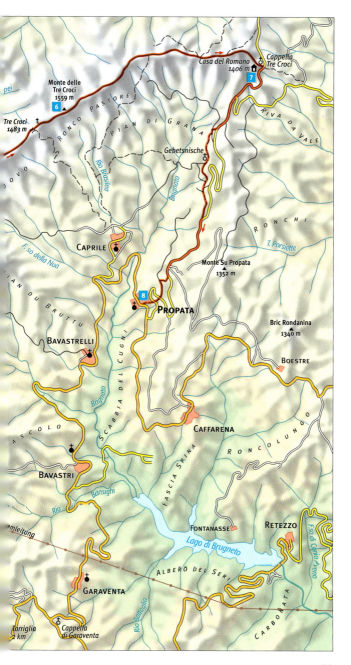

Tour 20

Am Monte Duso

100 m vor Erreichen der Straße nach rechts auf einen Pfad ab. Dieser senkt sich durch Wald zu einem Querpfad auf einer Lichtung, wo wir links gehen. Der Pfad beschreibt einen Rechtsbogen, verläuft parallel unterhalb der Straße. Links an einer Viehtränke vorbei treffen wir auf einen anfangs sehr steinigen Traktorweg, der bald in die **Straße nach Propata** einmündet (5 Std.).

Wir folgen ihr gut 10 Min. bergab, passieren km-Schild 2 und einen breiten Linksabzweig. In leichter Linkskurve, wo der Wald zurücktritt, biegen wir auf einen nach rechts durch ein Gatter absteigenden grasigen Pfad, der nach 200 m nach rechts biegt und auf einen Querweg trifft. Dieser führt uns nach links mit Blick auf Propata zurück zur Straße. Wir gehen auf ihr wenige Meter nach rechts, nehmen einen links abzweigenden Pfad, der erneut die Straße kreuzend ins Dorf hineinführt. Bei einem ersten Brunnen geht es nach rechts, bei dem folgenden nach links abwärts. Eine Treppengasse führt links am alten Waschhaus vorbei ganz hinunter zur Straße Rondanina–Torriglia beim Albergo Paulin gegenüber der Hauptkirche von **Propata** 8 (5.30 Std.).

Rundweg-Variante ab Donnetta: Vom Monte Antola 4 folgen wir dem Hinweg zurück bis zur Verzweigung 200 m hinter der Ruine **Casa di Piccetto** 3 (3.30 Std.), wo wir diesmal rechts auf dem mit zwei gelben Quadraten markierten Pfad weiter wandern. Dieser führt mit weiten Ausblicken ins Tal von Senarega an der Westseite des Monte Duso entlang zur Passkapelle **Cappella del Colletto** (3.45 Std.).

Unmittelbar hinter dem Gebäude schlagen wir einen nach links ansteigenden Waldpfad ein (Markierung: drei gelbe Punkte). Dieser bringt uns in gut 10 Min. zurück zum Hinweg, auf dem wir nun bis **Donnetta** 1 bleiben (4.45 Std.).

Tour

Über die Halbinsel von Portofino

Von Ruta über Portofino Vetta nach Portofino

Das Vorgebirge von Portofino stand schon vor dem Bauboom der fünfziger und sechziger Jahre des 20. Jh. unter Naturschutz. Es blieb daher unberührt von der Zersiedlung der Küste. Auf ruhigen Wegen wandert man durch Wald und bäuerliches Kulturland und genießt dabei schöne Meerblicke.

DIE WANDERUNG IN KÜRZE

Anspruch: +

Gehzeit: 2.15 Std.

Länge: 8 km

Charakter: Leichte Wanderung auf – streckenweise gepflasterten – Wald- und Feldwegen, rund 200 Höhenmeter Anstieg, 500 Höhenmeter Abstieg

Markierung: Rotes Quadrat

Wanderkarten: F. M. B., »Portofino – Sestri Levante« 1 : 25.000; Multigraphic, »Riviera di Levante/Golfo del Tigullio« (Appennino Ligure 6/8) 1 : 25 000

Einkehrmöglichkeiten: In Ruta und Portofino, unterwegs keine

Anfahrt: Häufige **Bus**verbindungen nach Ruta von Camogli und Santa Margherita Ligure. Rückfahrt von Portofino bis Santa Margherita Ligure mit Linienbus (viertelstündlich).

Bei der Bushaltestelle in **Ruta** 1 (von Camogli aus gesehen: direkt vor dem Straßentunnel) schlägt man den unterhalb der Kirche ansteigenden Treppenweg Via Pietro Chiesa ein und passiert die Kirche nach kurzem Anstieg. Noch 30 m weiter aufwärts, dann biegt man nach rechts in den mit einem roten Quadrat markierten Treppenweg (Schild »Via di S. Fruttuoso e Portofino«). Zunächst an einigen Häusern vorbei, dann im Wald geht es nun ständig aufwärts bis zum **Hotel Portofino Vetta** 2 (30 Min.).

Beim Hotel nimmt man die kleine Straße nach rechts und biegt 50 m danach in einen nach links abzweigenden Weg. Weiter der Markierung »rotes Quadrat« sowie den Wegweisern »Portofino, Pietre Strette« folgend, gelangt man in leichtem Auf und Ab zu den markanten Felsblöcken **Pietre Strette** 3 (knapp 1 Std.).

Es geht geradeaus weiter und bei der folgenden Gabelung wieder geradeaus (Wegweiser »S. Margherita Ligure/Portofino Mare«). Die Abzweigung nach links in Richtung Santa Margherita 5 Min. später wird ignoriert. Bald danach ist der höchste Punkt der Tour (470 m u. M.) erreicht. Der Weg senkt sich nun unter Pinien und Edelkastanien zum Weiler **Olmi** 4 (1.40 Std.). Hier verlässt man den Wald und wandert nun durch offenes Gelände mit kleinen Olivenhainen, Gemüsegärten, Wie-

101

Tour 21

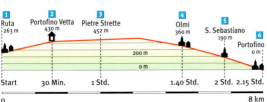

Von Ruta über Portofino Vetta nach Portofino

(2 Std.) und weiter nach **Portofino** 6 (2.15 Std.).

Portofino

Seit hundert Jahren ist Portofino ein Treffpunkt der Superreichen und der Schickeria. Die farbigen Häuser am Meer vermitteln den hübschen Eindruck eines »typischen Fischerdorfs«, doch zum größten Teil gehören sie wohlhabenden Auswärtigen. Rund achtzig Boutiquen, Restaurants und Cafés bedienen die Feriengäste und die zahlreichen Tagesausflügler. Die Atmosphäre ist manchmal etwas hektisch, das Ortsbild allerdings blieb wunderbar erhalten.

Den schönsten Blick hat man von der Kirche San Giorgio, die man vom Zentrum in einem fünfminütigen Anstieg erreicht.

Unterwegs nach Portofino

sen und verstreuten Bauernhäusern. Etwa 10 Min. nach dem Ort, vor einer scharfen Rechtskurve des gepflasterten Weges, biegt man nach links abwärts. Der gepflasterte Weg führt absteigend – streckenweise mit schönen Blicken auf den Tigullio-Golf – zur Kirche **San Sebastiano** 5

Tour

Steilabfälle über dem Meer

Von Camogli über San Fruttuoso nach Portofino

Der eindrucksvolle Weg im einsamsten Küstenabschnitt des Monte Portofino führt durch aufregende Fels- und Macchialandschaft zum Kloster San Fruttuoso. Von dort geht es auf einer einfacheren Wegstrecke hoch über dem Meer weiter nach Portofino.

DIE WANDERUNG IN KÜRZE

+++ Anspruch

5 Std. Gehzeit

15 km Länge

Charakter: Anspruchsvolle Tour für trittsichere und schwindelfreie Wanderer. Längere Strecken verlaufen auf einem ausgesetzten Pfad hoch über dem Meer, streckenweise geht es weglos über abschüssige, durch Eisenketten gesicherte Felsplatten. Bei nassem Untergrund nicht zu empfehlen.

Wanderkarten: F. M. B. »Portofino – Sestri Levante« 1 : 25 000; Multigraphic »Riviera di Levante/Golfo del Tigullio« (Appe-nino Ligure 6/8) 1 : 25 000

Einkehrmöglichkeiten: In Camogli und Portofino, unterwegs in San Rocco und San Fruttuoso

Anfahrt: Zwischen Camogli, San Fruttuoso und Portofino verkehren **Schiffe**, der Bootsverkehr wird allerdings bei starkem Seegang eingestellt. Rückfahrt von Portofino bis Santa Margherita mit **Linienbus** (alle 15 Min.), von Santa Margherita nach Camogli **Busse** und **Bahn.**

Öffnungszeiten: Kloster San Fruttuoso Mai–Sept. tägl. 10–17.45 Uhr, März/April, Okt. tägl. 10–15.45 Uhr, Nov.–Feb. Di–So 10–15.45 Uhr.

In **Camogli** 1 geht man auf der Uferpromenade Via Garibaldi nach Süden, passiert in der anschließenden Via Cuneo das Luxushotel Cenobio dei Dogi und nimmt in der folgenden Linkskurve das geradeaus weiterführende kleinere Sträßchen, das am Bach entlang bergan führt. Nach 200 m wendet man sich nach links und schlägt nach weiteren 30 m den

Von Camogli über San Fruttuoso nach Portofino

Das Kloster San Fruttuoso

Fußweg nach rechts ein (Wegweiser »S. Rocco«, ab hier Markierung zwei rote Punkte). Zwischen Steinmäuerchen geht es aufwärts, man kommt an Olivenhainen, kleinen Gärten, Landhäusern vorbei und gelangt zum schön auf der Höhe gelegenen Dorf **San Rocco** 2 (45 Min.). Weite Blicke aufs Meer und die Berge im Hinterland, Camogli und Genua, bei klarer Sicht tauchen im Nordwesten die Alpen auf.

Die Kirche links liegen lassend, nimmt man bei der gleich folgenden Gabelung die Via Mortola nach rechts (Wegweiser »Punta Chiappa«), folgt also nicht dem nach San Fruttuoso ausgeschilderten, nach links aufwärts führenden Weg! Nach wenigen Minuten bei einer Abzweigung geradeaus weiter, dann auf einem ebenen Weg durch den Weiler **Mortola** 3 (1 Std.). Einige Minuten nach der Häusergruppe findet sich bei einer Brücke eine Quelle mit Trinkwasser. Gleich darauf folgt eine

105

Tour 22

Gabelung, dort rechts halten. Auf angenehm zu gehendem, meist ebenem Pfad im Buschwald gelangt man zu den **Batterie** 4, Bunkern aus dem 2. Weltkrieg (1.15 Std.). Hier beginnt das schwierigste, aber auch landschaftlich aufregendste Wegstück. Der ausgesetzte, streckenweise mit Eisenketten gesicherte Pfad führt über Felsen und durch Macchialandschaft in ständigem Auf und Ab über dem Meer entlang. Man umrundet schließlich eine Bucht und steigt dann in Kurven nach links an. Nach einem halbstündigen Anstieg ist der Hügelkamm erreicht; an-

Von Camogli über San Fruttuoso nach Portofino

nen Weg. Er führt in wenigen Minuten zu einer Bucht. Man folgt dem Weg unter einem Torbogen und dann auf Treppen aufwärts. Es geht im Wald weiter bergan bis zur Weggabelung **Base o** 6 (3.45 Std.). Der linke Pfad führt aufwärts nach Portofino Vetta, in Richtung Portofino folgt man dagegen dem rechten Weg in leichtem Auf und Ab am Hang bis zur Häusergruppe **Prato** 7 (4.15 Std.). Bei der ersten Abzweigung geht man hier geradeaus abwärts, beim nächsten Querweg links, ab hier auf gepflastertem Weg. Die nach Portofino-Cappelletta ausgeschilderte Abzweigung nach rechts ignorierend, biegt man wenige Minuten später, unmittelbar nach einer Linkskurve des Weges, nach rechts. Der Weg führt absteigend – z. T. mit schönen Blicken auf den Tigullio-Golf – zur Kirche **San Sebastiano** 8 (4.30 Std.) und weiter nach **Portofino** 9 (5 Std.).

San Fruttuoso

Die Abtei liegt, von wenigen Häusern umgeben, einsam in einer Bucht des Monte Portofino. Sie ist nur zu Fuß oder mit dem Schiff erreichbar. Im 8. Jh. ließen sich spanische Mönche auf der Flucht vor den Sarazenen hier mit den Reliquien des hl. Fructuoso nieder. Als die Republik Genua im Mittelalter eine europäische Großmacht wurde, gewann auch San Fruttuoso an Bedeutung. Im Kreuzgang befinden sich noch heute die gotischen Grabmäler der genuesischen Adelsfamilie Doria, unter deren Herrschaft San Fruttuoso damals stand. Seit dem 16. Jh. verfiel die Abtei, in den 90er Jahren des 20. Jh. wurde sie – nicht immer ganz originalgetreu – restauriert. Die Kirche geht noch auf das 10. Jh. zurück.

schließend geht es im Buschwald, später unter Ölbäumen abwärts bis **San Fruttuoso** 5 (3 Std.).

Vom Platz vor der Kirche nimmt man in nördlicher Richtung eine Treppe aufwärts, geht über eine Brücke und bei der anschließenden Gabelung nach rechts auf den ebe-

Tour

Die große Tour im Hinterland

Von Ruta über den Monte Manico del Lume nach Rapallo

Diese großartige Tour zwischen Küste und Bergland verläuft nach einem Anstieg auf Waldwegen mehrere Stunden aussichtsreich auf Bergpfaden, von denen man fast immer weite Ausblicke genießt. Nach einem langen Abstieg ist das Ziel Rapallo erreicht.

DIE WANDERUNG IN KÜRZE

Charakter: Die Tour ist nur für gut trainierte Wanderer ohne Höhenangst geeignet. Sie verläuft durchgehend auf schmalen, z. T. an steilen Wiesenhängen ausgesetzten Wald- und Bergpfaden und am M. Manico del Lume über ein leichtes, mit Eisenketten gesichertes Kletterstück. **Trittsicherheit ist unbedingt erforderlich.** Die An- und Abstiege (700 Höhenmeter aufwärts, 1000 Höhenmeter abwärts) sind streckenweise steil. Nicht zu empfehlen bei großer Hitze und bei nassem Untergrund.

Wanderkarten: F. M. B. »Portofino – Sestri Levante« 1 : 25 000; Multigraphic »Riviera di Levante/Golfo del Tigullio« (Appennino Ligure 6/8) 1 : 25 000. Die F. M. B.-Karte ist für diese Wanderung genauer, aber schwerer erhältlich.

Einkehrmöglichkeiten: In Ruta und Rapallo; unterwegs keine, auch kein Trinkwasser!

Anfahrt: Häufige **Bus**verbindungen nach Ruta ab Camogli, Rapallo, Santa Margherita Ligure

Von der Bushaltestelle in **Ruta** 1 (von Camogli aus gesehen: direkt vor dem Straßentunnel) nimmt man die Straße in Richtung San Martino (Wegweiser). Nach wenigen Metern taucht eine Markierung mit zwei ro-

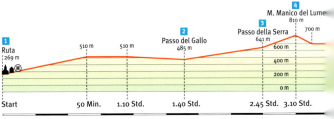

Von Ruta über den Monte Manico del Lume nach Rapallo

Oberhalb von Rapallo

ten Kreisen auf, der man nun für fast zwei Stunden bis zum Passo del Gallo folgt. Man passiert nach 5 Min. das romanische Kirchlein Chiesa Vecchia und biegt gleich dahinter nach links in den Fußweg Via Caravaggio. Es geht auf einem Waldpfad fast kontinuierlich aufwärts, gelegentlich öffnen sich weite Blicke auf die Bucht von Genua und den Tigullio-Golf. Nach rund 50 Min. trifft man auf einen von Recco kommenden, mit einem roten Dreieck markierten Weg. Die Route verläuft nun weitgehend eben, umgeht den Monte Ampola im Westen, führt dann unterhalb des Monte Orsena zu einem Wiesenstück mit einem **Rastplatz** (1.10 Std.). Auch der Monte Orsena wird westlich umgangen, schließlich erreicht man in einem leichten Abstieg den **Passo del Gallo** 2 (1.40 Std.).

Weiter auf dem Pfad in nördlicher Richtung am Hang (Markierung: rotes Dreieck, für 10 Min. auch die roten Kreise). Gut 10 Min. hinter dem Pass verzweigt sich der Weg. Man schlägt den undeutlicheren, nach rechts abzweigenden Pfad ein (markiert mit rotem Quadrat und rotem Dreieck, dem roten Dreieck folgt man nun bis zum Monte Manico del Lume). Nach wenigen Metern hält man sich bei einer weiteren Gabelung wieder rechts. Der schmale, streckenweise ausgesetzte Pfad führt über einen abschüssigen Hang, steigt dann steil nach links an

109

Tour 23

und verläuft schließlich eben in östlicher Richtung. Es bieten sich herrliche Blicke auf das Meer und Rapallo, im Frühsommer strahlen die Hänge im Gelb des Ginsters. Von links mündet schließlich ein mit zwei roten X markierter Weg ein, gleich darauf ist der **Passo della Serra** 3 erreicht (2.40 Std.).

Ein fünfminütiger Anstieg führt vom Pass zu einer Wegverzweigung, wo man sich, weiterhin dem roten Dreieck folgend, nach rechts wendet. Es geht nun sehr steil aufwärts, vorübergehend mit leichter Kletterei in felsigen, durch Eisenketten gesicherten Wegstücken. Schließlich erreicht man den Gipfel des **Monte Manico del Lume** 4 (810 m, 3.10 Std.). Die Aussicht auf die Küste und die Berge des Hinterlands von diesem höchsten Punkt der Wanderung ist begeisternd.

Im nächsten Abschnitt gilt nun für eine gute Stunde die Markierung »rote Raute«, nach kurzem Stück kommt dazu auch ein rotes XX. Die rote Raute (zunächst auch ein roter Balken) weist vom Gipfel nach Südosten, nach 5 Min. biegt man bei einer Gabelung nach links, geht nun in Nordost- und bald darauf in Ostrichtung. Man wandert in leichtem Auf und Ab am Hang, immer wieder öffnen sich wunderbare Panoramen. Hinter einem kurzen von Farn überwucherten Abschnitt erreicht man eine **Gabelung** 5 unterhalb des Monte Pegge (4.20 Std.). Die Markierung roter Kreis mit rotem Balken weist hier in beide Richtungen. Man geht nach rechts abwärts und folgt der Markierung bis zum Ende der Tour.

Es geht nun vorwiegend im Wald hinab. Nach halbstündigem Abstieg wird ein verfallenes Steinhäuschen bei der Wiesenfläche **Piana dei Merli** 6 passiert (4.50 Std.). Der schöne

Waldweg führt weiter zum Weiler **Canessa** 7 (5.30 Std.). Hier biegt man auf dem Teersträßchen nach links, folgt gleich darauf einem Treppenweg. Der Weg überquert die Auto-

Von Ruta über den Monte Manico del Lume nach Rapallo

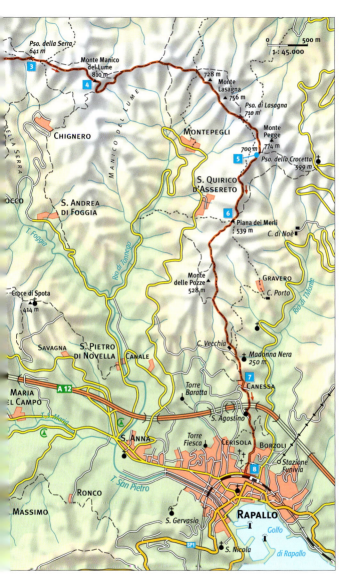

bahn, erreicht die Kirche **Sant'Agostino** und verengt sich wenig später zu einem asphaltierten Pfad zwischen Häusern und Gärten, um sich gut 5 Min. später wieder zu einem Sträßchen zu verbreitern. Man geht weiter abwärts, biegt vor der Bahnlinie nach rechts in eine Unterführung und erreicht so den Bahnhofsplatz von **Rapallo** 8 (6 Std.).

Tour 24

Im Land der Partisanen

Rundweg am Monte Caucaso bei Barbagelata

Vom Bergdorf Barbagelata wandert man durch schönen Buchenwald zum Quellgebiet des Aveto und auf den Aussichtsberg Monte Caucaso. Viele Gedenktafeln erinnern an gefallene Partisanen. Hier befand sich ein Zentrum des Widerstands gegen die deutsche Besatzung im 2. Weltkrieg.

DIE WANDERUNG IN KÜRZE

Anspruch: ++

Gehzeit: 3.15 Std.

Länge: 10 km

Charakter: Mittelschwere Wanderung meist auf schattigen Waldwegen, 500 Höhenmeter An- und Abstieg

Wanderkarte: Multigraphic »Appennino Ligure 5/7«, 1 : 25 000

Einkehrmöglichkeiten: Keine. Trinkwasser nach 2.30 Std.

Anfahrt: Mit dem **Pkw** von Chiavari nach Barbagelata 40 km auf kurvigen Bergstraßen

Hinweise: Wegen der Fernsicht vom Monte Caucaso ist die Wanderung besonders lohnend an klaren Tagen.

Von Sept. bis Dez. finden Mi und So an der Wanderstrecke Treibjagden auf Wildschweine statt, diese Tage sollte man besser vermeiden!

Man verlässt **Barbagelata** 1 auf der Hauptstraße nach Süden. Am Ortsende geht es links auf einen absteigenden Pfad (rot-weiße Markierung der AV, Alta Via dei Monti Liguri). Der schöne schattige Weg senkt sich – streckenweise steil – im Buchenwald bis zu einer Straße. Man biegt nach rechts und erreicht oberhalb des Flüsschens Aveto in wenigen Minuten den **Passo Scoglina** 2 (30 Min.).

Man folgt nun der Straße für wenige Meter nach rechts in Richtung Barbagelata und wendet sich dann nach links in einen ansteigenden Weg (Markierung: drei rote und zwei blaue Punkte). Er verläuft bald schmal auf dem Kamm, hoch über dem Tal des Malvaro links und dem

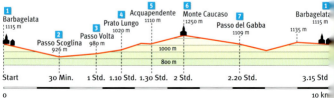

Rundweg am Monte Caucaso bei Barbagelata

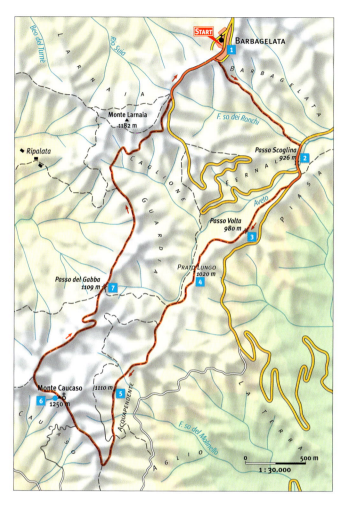

Aveto rechts. In leichtem Auf und Ab gelangt man unterhalb eines großen Strommasts zum **Passo Volta** 3 (1 Std.). Hier verlässt man die Kammhöhe und nimmt den nach rechts absteigenden, weiterhin markierten Pfad, der im Tal am Bach entlang führt und ihn mehrfach kreuzt. Es geht allmählich im lichten Buchenwald aufwärts, begleitet vom Rauschen des Bachs. Man überquert die Lichtung **Prato Lungo** 4 (1.10 Std.) und steigt kurz darauf für gut 10 Min. sehr steil bergan. Auf der Höhe trifft man auf einen Querweg. Die blauen Punkte weisen nach rechts zum Passo del Gabba (Abkürzungsmöglichkeit, s. u.), die schönere Route führt – noch für ein kurzes Stück mit roten Punkten markiert – nach links. Es geht für 5 Min. im Wald bergab bis zu einem Bach-

Tour 24

Am Monte Caucaso

übergang im **Quellgebiet Acquapendente** 5 (1.30 Std.). Gleich nach Überquerung des Bachs biegt man nach rechts (Markierung ab hier: rote Dreiecke). Der Pfad führt nach wenigen Metern nach links und steigt für rund 20 Min. steil im Wald an. Schließlich verläuft er, nun etwas sanfter ansteigend, über einen Wiesenrücken zum Gipfel des **Monte Caucaso** 6 (knapp 2 Std.). Der Blick von der Höhe erstreckt sich nach Süden über weite Küstenabschnitte, nach Norden und Nordosten auf die Berge des ligurischen Apennins: Monte Antola, Monte Aiona, Monte Penna und Monte Ramaceto. Direkt unterhalb verläuft in Südost-Nordwest-Richtung die lang gestreckte Valle Fontanabuona. Die Kapelle auf dem Gipfel wurde ursprünglich 1940 von deutschen Besatzungssoldaten errichtet, später zerstört und 1976 wieder aufgebaut.

Hinter der Kapelle nimmt man den steil in westlicher Richtung absteigenden Weg. Bei einer Gabelung nach 3 Min. hält man sich rechts (Markierung: rotes Dreieck). Der Kammweg im Wald führt in einer knappen halben Stunde zum **Passo del Gabba** 7 (2.20 Std.). Man geht auf dem breiten Weg nach rechts. Etwa 20 Min. später wechselt der Weg bei einigen Gedenktafeln auf die andere Hangseite und beginnt gleich darauf noch einmal anzusteigen. Wenige Minuten später findet man links eine Quelle (Trinkwasser). Es geht für eine knappe Viertelstunde bergauf. Auf der Höhe biegt der Weg nach links. 3 Min. später zweigt man auf einen Pfad nach rechts ab, der gleich darauf zur Straße führt. Man wendet sich links und erreicht nach 600 m **Barbagelata** 1 (gut 3 Std.).

Tour 25

Einsame Wälder und Bergweiden

Von Gramizza über den Passo Spingarda nach Pratosopralacroce

Im Naturpark des Aveto lassen sich auf dieser Bergtour völlig einsame Landschaften erleben. Für viele Stunden trifft man auf keinen Ort und kaum ein Haus. Waldwege wechseln mit Pfaden über offene Wiesenhänge, die Aussicht ist an klaren Tagen großartig.

DIE WANDERUNG IN KÜRZE

+++ Anspruch

5 Std. Gehzeit

15 km Länge

Charakter: Anspruchsvolle Wanderung in einsamer Berglandschaft, z. T. auf sehr schmalen Pfaden, Trittsicherheit auf einem Stück des Abstiegs unbedingt erforderlich. Bei nassem Untergrund nicht zu empfehlen, Rutschgefahr! Insgesamt 800 Höhenmeter Anstieg, 1000 Höhenmeter Abstieg.

Wanderkarte: Multigraphic »Appennino Ligure 5/7« 1 : 25 000

Einkehrmöglichkeiten: Bars und Lebensmittelgeschäfte am Ausgangs- und Endpunkt, in Gramizza und Pratosopralacroce; Bar und Restaurant im Rifugio Monte Penna von Mitte April/ Mai bis Ende Okt. geöffnet. Hier gibt es auch einfache Übernachtungsmöglichkeiten (Tel. 05 25 83 103, mobil 347 79 59 286).

Anfahrt: Mit **Bus** (nur werktags!) ab Chiavari: Anfahrt nach Gramizza 9 Uhr, Fahrzeit 1.45 Std. Rückfahrt ab Pratosopralacroce 19.28 Uhr, Fahrzeit 60 Min. Mit **Pkw** (wegen der Rückfahrt ebenfalls nur werktags): parken in Borzonasca, Fahrt nach Gramizza 9.40 Uhr, Rückfahrt ab Pratosopralacroce 19.28 Uhr. Oder parken in Gramizza, Rückfahrt ab Pratosopralacroce 15.58 Uhr, umsteigen in Borzonasca, Ankunft in Gramizza 17.47 Uhr. **Busauskunft:** Tel. 800 012 727 www.tigulliotrasporti.it

In **Gramizza** 1 biegt man bei der Bushaltestelle – 20 m vor der Abzweigung der Straße nach Amborzasco – in den nach rechts ansteigenden, mit einer gelben Raute markierten Weg (Schild »M. Penna«). Auf einem gepflasterten Maultierpfad geht es bergauf zur Straße, hier nach rechts und nach 50 m wieder nach links in einen Fußweg. Erneut wird die Straße überquert und schließlich ein drittes Mal erreicht; nun folgt man ihr bis zur Kirche des Dorfs **Amborzasco** 2 (20 Min.).

Vor der Kirche nimmt man das nach rechts ansteigende Sträßchen und

Tour 25

biegt gleich darauf wieder nach rechts in einen gepflasterten, ansteigenden Weg. Er führt in westlicher Richtung aus dem Ort. Man gelangt zu einer **Kapelle** (Trinkwasser) und geht links vorbei. Ab hier findet sich eine rot-weiße Markierung.

Knapp 5 Min. hinter der Kapelle folgt man einem schmalen Pfad zwischen Steinmäuerchen nach links. Die Markierungen sind hier sehr verblasst, der Abzweig ist leicht zu übersehen. Auf dem Pfad passiert man bald einige Steinhäuschen und später ein Kruzifix. Gleich darauf hält man sich bei zwei aufeinander folgenden Gabelungen jeweils links. Der Weg steigt, begleitet vom Rauschen des Wildbachs unterhalb, im Wald stärker an. Eine gute halbe Stunde nach der Kapelle verlässt man den Wald und folgt der Markierung bei einer Pfadgabelung am Waldrand nach rechts. Gleich danach biegt der Weg noch stärker nach rechts, überquert einen Bach und erreicht gleich darauf einen breiten Weg. Auf ihm steigt man nach links an.

Nach etwa 10 Min. weisen die Markierungen nach links auf einen kleinen Pfad, der nach kurzem Stück wieder auf den breiten Weg zurückführt. Bald darauf biegt man, der Markierung folgend, erneut nach links. Es geht nun ständig im Buchenwald aufwärts. Man erreicht wiederum den breiten Weg, folgt ihm nach links und gelangt schließlich zu einer **Lichtung** an einem Bach (Trinkwasser, schöner Rastplatz) und direkt dahinter zu einem breiten **Fahrweg** (2 Std.).

Auf diesem Weg biegt man nach rechts und sofort danach wieder nach links in einen kleineren, ansteigenden Fahrweg (Wegweiser »Passo della Spingarda«). Immer dem Weg folgend, wandert man im Wald noch eine gute halbe Stunde bergauf bis zum **Passo della Spingarda** 3, dem höchsten Punkt der Tour (1549 m, gut 2.30 Std.).

Es geht in südlicher Richtung geradeaus weiter (kleiner Hinweis am Holzpfahl: »Rifugio Monte Penna«, Markierung: rotes Dreieck). Man folgt dem Weg leicht absteigend bis zur Schutzhütte **Rifugio Monte Penna** 4 (auch Rifugio Monte Aiona genannt; 2.45 Std.). Hinter dem unschönen Bau biegt man auf einen mit drei roten Punkten markierten, z. T. kaum erkennbaren Wiesenweg, der in südöstlicher Richtung durch die Senke Prato Mollo führt. An ihrem gegenüber liegenden Rand setzt sich der nun wieder deutliche Weg als absteigender Waldpfad fort (weiterhin mit drei roten Punkten mar-

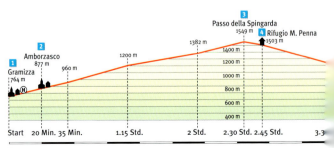

116

Von Gramizza über den Passo Spingarda nach Pratosopralacroce

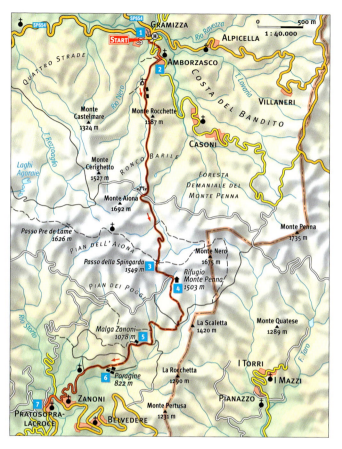

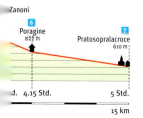

kiert). Etwa 15 Min. nach der Schutzhütte ist ein mit rotem Kreuz und gelbem Quadrat markierter Querpfad erreicht. Man biegt nach rechts und nimmt 5 Min. später bei einer Gabelung den rechten Weg (Markierung ab hier bis zum Ende der Wanderung: rotes Kreuz).

Der Pfad führt weiter im Wald abwärts. Streckenweise ist er recht schmal. Immer wieder öffnen sich schöne Ausblicke auf die Berge des Apennins. Ein Bach wird überquert, danach geht man halbrechts über eine Wiese (unmittelbar hinter dem Bach ist die Markierung nicht eindeutig, findet sich dann aber wie-

Tour 25

der). Es geht weiter abwärts im Wald zu einem weiteren Bachübergang bei einigen kleinen **Wasserfällen** (3.30 Std.). Bald danach verläuft der Weg sehr schmal am Hang. Er ist durch ein Geländer gesichert, das aber abschnittsweise durch einen Erdrutsch abgestürzt ist. Dieses kurze Wegstück ist mühselig zu gehen und erfordert äußerste Vorsicht!

Unmittelbar nach diesem Abschnitt biegt man durch ein Gatter nach rechts und geht jetzt über offene Wiesenhänge mit herrlicher Aussicht auf die Berge im Süden. Der Weg ist ab hier bis Pratosopralacroce außer mit dem roten Kreuz auch mit einem roten Dreieck markiert. Direkt hinter dem verlassenen Stallgebäude **Malga Zanoni** 5 (3.45 Std.) biegt man nach links und steigt – immer mit schönem Panorama – auf einem Kammweg über Wiesenhänge ab. Etwa 20 Min. hinter Malga Zanoni gelangt man wieder in den Wald, wenige Min. später zur Häusergruppe **Poragine** 6 (4.15 Std.) bei einem breiten Fahrweg, dem man nach rechts folgt.

Bei der folgenden Wegverzweigung knapp 10 Min. später hält man sich links. Etwa 500 m danach geht es, der Markierung folgend, vom Fahrweg auf einen Pfad nach links. Er führt bald rechts um ein Steinhaus herum und schneidet dann einen weiteren Bogen des Schottersträßchens. Wieder auf dem Sträßchen angelangt, biegt man nach links. Gleich darauf ist die Straße asphaltiert und führt ins Tal zur Hauptstraße. Man folgt ihr nach rechts und ist in wenigen Minuten im Dorf **Pratosopralacroce** 7 (5 Std.).

In Amborzasco

Tour 26

Zwischen Meer und Apennin

Von Montallegro nach Chiavari

Die erste Hälfte der Tour verläuft auf einem Panoramaweg hoch über dem Meer, man blickt weit über den Tigullio-Golf. Ein langer Abstieg führt dann zunächst auf schönen, z. T. steilen Waldpfaden und schließlich durch bäuerliches Kulturland in die Kleinstadt Chiavari.

DIE WANDERUNG IN KÜRZE

++ Anspruch

3 Std. Gehzeit

10 km Länge

Charakter: Meist schmale Pfade am Hang und im Wald. Wenig Anstiege, aber insgesamt 700 Höhenmeter Abstieg, streckenweise auf steilen Waldwegen, am Schluss über Treppen.

Markierung: Zwei rote Quadrate

Wanderkarten: F. M. B. »Portofino–Sestri Levante« 1 : 25 000; Multigraphic »Riviera di Levante/Golfo del Tigullio« (Appenino Ligure 6/8) 1 : 25 000

Einkehrmöglichkeiten: Bars/Restaurants in Montallegro und Chiavari, Trinkwasser bei Case Costa (nach 2 Std.).

Anfahrt: Busse von Rapallo nach Montallegro werktags 8.15, 9.45, 10.50, 12.20, 14.05 Uhr, sonn- und feiertags 8.50, 10.35, 12.25 Uhr.
Seilbahn Rapallo–Montallegro (Funivia, Talstation in Bahnhofsnähe) halbstündlich, 12–14 Uhr geschl.

Von der Endhaltestelle von Bus und Seilbahn steigt man an zur Wallfahrtskirche **Madonna di Montallegro** . Sie wurde im 16. Jh. an der Stelle einer Marienerscheinung errichtet, der heutige Bau stammt großenteils aus dem 18. Jh., die Fassade vom Ende des 19. Jh. Im Innenraum werden zahlreiche Votivtafeln aus Lebensgefahr geretteter Seeleute aufbewahrt.

Man geht links an der Kirche vorbei und findet an ihrer Rückseite die Markierung (zwei rote Quadrate), die den Weg bis Chiavari begleitet. Unter Steineichen gelangt man in wenigen Minuten zum Hotelrestaurant Pellegrino. Eben und recht bequem geht es im Steineichenwald auf dem Hügelkamm weiter. Nach knapp 30 Min. zweigt man von dem breiten Weg nach links ab auf einen schmaleren, für ein kurzes Stück ansteigenden Pfad. Er ist mit den roten Quadraten markiert, aber dennoch leicht zu übersehen! Ein kurzes Stück verläuft er schmal am Hang, anschließend geht es hoch über dem Ort Zoagli, immer mit schönen Ausblicken aufs Meer, durch aufgelassene Terrassenkulturen. Bei der Wegverzweigung **La Colla** 2 (1 Std.) stößt man auf einen Marienaltar und biegt hier auf einen schmalen Pfad

119

Tour 26

nach rechts. Er steigt für 10 Min. im Wald an und senkt sich dann beim **Pass Anchetta** 3 (1.20 Std.) zu einem Sträßchen. Man geht nach rechts und steigt in Südostrichtung an. Nach etwa 700 m biegt die Straße scharf nach rechts. Hier wendet man sich nach links in einen abwärts führenden Pfad. Er gabelt sich 10 Min. später; man hält sich wieder links und steigt nun kontinuierlich durch Kastanienwald ab. Schließlich verlässt der Weg den Wald und führt wenig später zu dem Anwesen **Case Costa** 4 (2 Std.). Man geht geradeaus daran vorbei. Etwa eine Viertel-

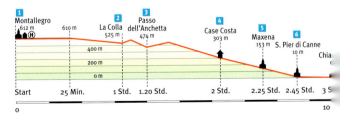

Von Montallegro nach Chiavari

stunde später, kurz hinter einem weiteren Anwesen, weist die Markierung auf einen Treppenweg nach rechts hinab. Man folgt ihr, der Weg biegt gleich in einem Olivenhain nach links. Bei der nächsten Gabelung unterhalb eines Hauses hält man sich wieder links und erreicht wenige Minuten später die Kirche von **Maxena** 5 (2.25 Std.). Es geht links an der Kirche vorbei. Unter Ölbäumen wandert man abwärts, folgt dann ein kurzes Stück einem Asphaltweg, steigt erneut über Stufen ab, kommt zu einer Straße, geht nach links und erreicht die Kirche von **San Pier di Canne** 6 (2.45 Std.). Nach rechts biegend, gelangt man ins Zentrum von **Chiavari** 7 (3 Std.).

Wer möchte, kann von San Pier di Canne bis Chiavari auch den häufig verkehrenden Linienbus nehmen.

Tour

Dörfer, Städte, Strände

Von Lavagna über Cavi nach Sestri Levante

Durch Olivenhaine und Wiesen führt der Weg hinauf zum Dorf Santa Giulia. Anschließend wandert man, immer mit guter Aussicht aufs Meer, wieder abwärts nach Cavi. Nochmals geht es leicht aufwärts zur schön gelegenen Kirche Sant'Anna und auf einem alten Römerweg erneut hinab nach Sestri Levante.

DIE WANDERUNG IN KÜRZE

Anspruch: +

Gehzeit: 2.45 Std.

Länge: 10 km

Charakter: Einfache Wanderung auf alten, z. T. gepflasterten Verbindungswegen, Treppenwegen, gelegentlich Pfaden, etwa 30 Min. auf Asphaltsträßchen. Insgesamt rund 350 m Anstieg.

Wanderkarten: F. M. B. »Portofino – Sestri Levante« 1 : 25 000; Multigraphic »Riviera di Levante/Golfo del Tigullio« (Appennino Ligure 6/8) 1 : 25 000

Einkehrmöglichkeiten: In Lavagna, Cavi und Sestri Levante.

Anfahrt: Häufige **Bus**- und **Bahn**verbindungen zwischen Sestri Levante und Lavagna.

Vor dem Bahnhof in **Lavagna** 1 nimmt man den landeinwärts führenden Corso Mazzini und biegt nach gut 5 Min. nach rechts in die Via Tedisio. 50 m danach schlägt man den nach links ansteigenden Weg Via Monte ein (Wegweiser »Pedonale S. Giulia«, Markierung bis S. Giulia: roter Punkt). Die Via Monte führt in wenigen Minuten zu einem Sträßchen, dort geht es nach rechts und nach weiteren 200 m nach links in den ansteigenden Fußweg, der zwischen Olivenhainen zum Weiler **San Benedetto** 2 führt. Hinter dem letzten Haus (Nr. 15) nimmt man den gepflasterten, nach rechts abzweigenden Fußweg. Man folgt ihm ansteigend, meist parallel zur Straße, bis **Santa Giulia** 3 (1 Std.).

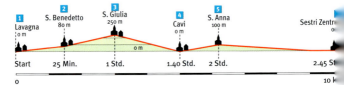

Von Lavagna über Cavi nach Sestri Levante

Im Dorf geht man zur Kirche und vom Kirchplatz in östlicher Richtung (vorbei an einer Telefonzelle) abwärts zur Straße. Man überquert sie, passiert auf einem Fußweg die Trattoria Colomba und folgt dem schönen Weg am Rand eines Olivenhains. Er führt zu einem Sträßchen, man geht rechts hinab und nimmt in der folgenden Linkskurve einen nach rechts abwärts abzweigenden Weg. Nach einigen Minuten wird ein Sträßchen überquert, und es geht auf dem Treppenweg weiter hinab. Vor einem Anwesen biegt der Pfad nach rechts, wenig später überquert er erneut eine kleine Straße. Weiter hinab bis zu einer weiteren Querstraße, wo man nach links biegt, um gleich darauf die Kirche von **Cavi** 4 zu erreichen (1.40 Std.).

Man geht an der Kirche vorbei abwärts bis zur Hauptstraße. Auf der Straße wendet man sich nach links und nach gut 50 m wieder nach links in die Via Brigate Partigiane. Auf dieser Straße kommt man zu einer Kreuzung beim Hotel Doria. Nach links und gleich darauf in das nach rechts abzweigende Sträßchen in Richtung Barassi/S. Giulia (Wegweiser). Von dieser Straße biegt man nach 10 m nach rechts und sofort darauf nach links in einen ansteigenden Fußweg (Wegweiser: »Pedonale S. Anna«):

Der Weg führt in knapp 5 Min. zu einem Asphaltsträßchen, man geht geradeaus weiter. Nach wenigen Minuten hört der Asphalt auf. Auf einem Waldweg steigt man zu einem breiteren Weg an, dem man gerade-

Tour 27

Sestri Levante

aus folgt. Nach einem letzten kurzen Anstieg auf Asphalt erreicht man einen ebenen Fußpfad über dem Meer mit schöner Aussicht auf Sestri Levante und den Tigullio-Golf. Er führt zu den Ruinen der Kirche **Sant'Anna** 5 (gut 2 Std.).

50 m hinter der Kirche nimmt man bei einer Wegverzweigung den mittleren Weg, der sofort nach links biegt und sich am Hang senkt. Er führt in Serpentinen durch ein vor wenigen Jahren ausgebranntes Gebiet, in dem die Vegetation nur allmählich wieder nachwächst. Unterwegs werden zwei Steinbrücken überquert, deren Grundmauern noch auf die Römerzeit zurückgehen.

Am Ortsrand von Sestri Levante, beim Campingplatz Sant'Anna, gelangt man zu einem Sträßchen. Diesem folgt man, biegt vor der Bahnlinie nach links, nimmt dann die erste Querstraße nach rechts, gelangt zum Ufer und in rund 10 Min. zum Zentrum von **Sestri Levante** 6 (2.45 Std.).

Tour 28

Macchiawege am Bracco-Pass

Von Ca'Marcone über Lemeglio nach Moneglia

Von der alten Verbindungsstraße Via Aurelia gelangt man auf meist schmalen, steinigen Macchiapfaden in das Dorf Lemeglio und weiter hinab nach Moneglia. Man blickt auf die Berge des ligurischen Apennins sowie die Buchten von Moneglia und Deiva Marina.

DIE WANDERUNG IN KÜRZE

Anspruch: +

Gehzeit: 2.45 Std.

Länge: 9 km

Charakter: Schmale, häufig steinige Pfade; wenig Anstiege

Wanderkarten: F. M. B. »Cinque Terre« 1 : 50 000; Kompass »Cinque Terre« 1 : 50 000

Einkehrmöglichkeiten: Bar/Trattoria Tagliamento in Ca'Marcone, Tel. 0185 816 225, Di geschl.; Bars und Restaurants in Moneglia

Anfahrt: Ab Bhf. Moneglia **Busse** werktags 11.30, 13.25, 14.15, sonn- und feiertags 11.30 Uhr, Fahrzeit 25 Min.

In **Ca'Marcone** 1 schlägt man gegenüber der Bar/Trattoria Tagliamento die Straße in Richtung Deiva Marina ein und biegt nach 50 m, in der Linkskurve der Straße, nach rechts in einen steil ansteigenden Pfad (Wegweiser: »Monte Incisa 1 h, Moneglia 2.30 h«, Markierung von hier bis Lemeglio: zwei rote Quadrate). Nach einem kurzen steilen Anstieg verläuft die Route mehr oder minder eben am Hang in südlicher Richtung. Am Weg gedeiht die charakteristische Buschwald-Vegetation: Steineichen, Erdbeerbaum, Baumheide, Ginster, gelegentlich Edelkastanien und Pinien. Nach einer guten halben Stunde senkt sich der Weg für eine Weile. Bei einer Gabelung gut 5 Min. nach Beginn dieses Abstiegs hält man sich rechts und steigt für einige Minuten wieder an. Man gelangt zu einem **Picknickplatz** mit Holzbänken (45 Min.).

Mit schönen Meerblicken geht es in leichtem Auf und Ab weiter. Man gelangt nochmals zu einem **Aussichtsplatz** mit einer Bank (1.10 Std.). Anschließend senkt sich der Weg relativ steil. Wenige Minuten später zweigt ein Pfad nach rechts ab. Man folgt weiter dem markierten Hauptweg und gelangt zu einer Anhöhe mit einem **Holzkreuz** und einer Stromleitung (1.30 Std.).

Bei einer Gabelung 100 m danach hält man sich auf dem linken Pfad. Für 15 Min. steigt man nun steil ab bis zu einem Querweg. Auf diesem nach rechts und gleich darauf bei einer Gabelung wieder nach rechts. Sofort danach passiert man einen grünen Schuppen rechter Hand. Es geht weiter bergab mit schönen

125

Tour 28

Lemeglio

Meerblicken und später dem Blick auf das Dorf **Lemeglio** 2, das wenig später erreicht ist (2 Std.).

Ab hier gibt es zwei Möglichkeiten:

Bequemer, aber weniger schön ist die **erste Variante:** Man geht durch das Dorf geradeaus bis zur Straße, folgt dieser für gut 10 Min. abwärts, geht dann in einer Rechtskurve geradeaus in einen Treppenweg und abwärts bis **Moneglia** 3 (2.30 Std.).

Etwas länger dauert die **zweite Variante,** die meist über sehr schmale Pfade führt: Bei der ersten Abzwei-

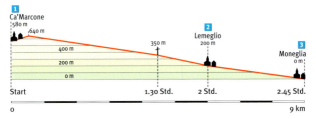

Von Ca'Marcone über Lemeglio nach Moneglia

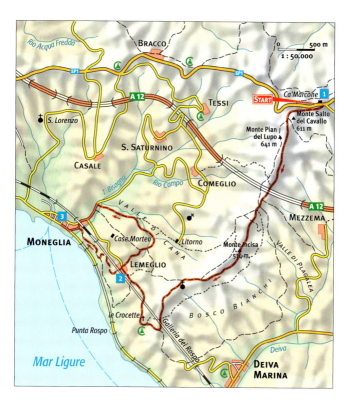

gung im Dorf (kurz vor dem Haus Nr. 76) wendet man sich auf den nach rechts biegenden, zunächst leicht ansteigenden Weg. Nach 2–3 Min. biegt man von diesem nach links in einen leicht zu übersehenden Pfad, der sich am Rand eines Ölbaumhains senkt. Der Pfad führt nach gut 5 Min. zwischen zwei Häusern hindurch. Gleich danach biegt man auf einen breiteren Weg nach links und nach 30 Min. wieder nach rechts auf einen schmalen Pfad. Er führt unter Pinien in wenigen Minuten zu einem roten Haus in schöner Panoramalage. Rechts am Haus vorbei abwärts zu einem Querpfad bei einem kleinen weißen Schuppen. Hier nach rechts, nach 30 m in einen Pfad nach links und auf diesem abwärts zu einer Häusergruppe. Man überquert gleich darauf ein Quersträßchen, folgt einem asphaltierten Weg, bis die Asphaltierung nach kurzem Stück endet. Hier nimmt man die abwärts führende Treppe und geht dann auf einem schmalen Pfad durch einen Olivenhain zwischen Häusern. Man erreicht ein Sträßchen, geht rechts abwärts und biegt nach 5 Min. – vor dem Haus Nr. 120 – in einen Treppenweg nach links hinab. Abwärts bis **Moneglia** 3 (2.45 Std.).

Tour 29

Zugang zu den Cinque Terre

Von Levanto nach Monterosso

Am Vorgebirge Punta Mesco zwischen Levanto und Monterosso gedeihen Pinienwälder und eine charakteristische Macchiavegetation. Waldpfade durchqueren das Gebiet und führen hoch über dem Meer zum Aussichtspunkt »Semaforo«, von dem man einen weiten Blick über Dörfer und Steilhänge der Cinque Terre genießt.

DIE WANDERUNG IN KÜRZE

Anspruch: ++

Gehzeit: 2.30 Std.

Länge: 8 km

Charakter: Zum Teil steinige Waldwege hoch über dem Meer, der Abstieg nach Monterosso ist steil und vor allem bei nassem Untergrund etwas mühsam. In der Saison (vor allem April/Mai/Sept.) wird der Weg stark von Wanderern frequentiert. Rund 400 Höhenmeter Anstieg.

Markierung: Rot-weiß

Wanderkarten: Multigraphic »Cinque Terre/Golfo di La Spezia« 1 : 25 000; F. M. B. »Cinque Terre« 1 : 50 000; Kompass »Cinque Terre« 1 : 50 000

Einkehrmöglichkeiten: In Levanto und Monterosso, unterwegs keine

Anfahrt: Häufige Bahnverbindungen zwischen Levanto und Monterosso

Von der Piazza del Popolo im Ortszentrum in **Levanto** 1 geht man über die Via Don Emanuele Toso (links vom Restaurant Osteria Tumelin) zur Kirche Sant'Andrea, die schon von weitem an ihrem gestreiften Turm zu erkennen ist. Der Wanderweg führt an der rechten Seite der Kirche entlang und biegt hinter einem Tor der alten Stadtmauer nach rechts aufwärts. Es geht an der Mauer entlang bis zu einer Straße beim mittelalterlichen Kastell. Man überquert sie und steigt auf einem gepflasterten Sträßchen weiter an. Das Sträßchen verengt sich zu einem Treppenweg und dann zu einem Pfad, der mit schöner Aussicht erneut zu einer Straße führt (30 Min.). Dieser folgt man für einige Minuten nach rechts, um dann vor dem **Hotel La Giada del Mesco** 2 in einen nach rechts abzweigenden

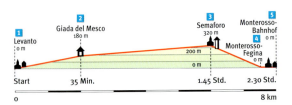

128

Von Levanto nach Monterosso

Weg einzubiegen. Er führt in leichtem Auf und Ab an einigen Häusern vorbei. Hinter dem letzten Haus geht es für gut 10 Min. steil bergan, anschließend eine Viertelstunde mit schönen Meerblicken eben bzw. leicht abwärts und dann für eine knappe halbe Stunde auf schönen Waldwegen, weiterhin mit guter Aussicht, wieder aufwärts. Man passiert dabei ein einsam gelegenes Bauernhaus, das zu Wein und Imbiss einlädt – unbedingt abzuraten, hier wird erbarmungslos geneppt!

Bei einer kleinen Kuppe ist der höchste Punkt der Wanderung erreicht (325 m ü. M.). Unmittelbar dahinter zweigt der Cinque-Terre-Höhenweg (Nr. 1) nach links ab. Man hält sich geradeaus auf dem Weg Nr. 10. Wenige Minuten später biegt dieser Weg nach links in Richtung Monterosso.

Ein Abstecher führt hier zunächst noch geradeaus. In 5 Min. gelangt man zu dem Aussichtspunkt »Semaforo« (Leuchtturm) mit den Ruinen eines **Leuchtturms** 3 und der Kirche **Sant'Antonio** (1.45 Std.). Von der Höhe des Vorgebirges Punta Mesco reicht der Blick hier über das gesamte Gebiet der Cinque Terre; direkt unterhalb liegt Monterosso.

Es geht zurück zur Abzweigung und nach rechts abwärts. Ein steiler Abstieg, z. T. über hohe Steinstufen (Vorsicht bei nassem Untergrund!) führt bei dem **Hotel Suisse Bellevue** zu einem Sträßchen (2.15 Std.). Man folgt ihm nach rechts abwärts, biegt

Tour 29

nach wenigen Min. von der Straße in den markierten Weg nach rechts und steigt über Treppen ab in den neuen Ortsteil von Monterosso **Fegina** 4.

Über die Uferstraße erreicht man den **Bahnhof** 5 (2.30 Std.). Der alte Ortskern liegt weitere 10 Min. entfernt in östlicher Richtung.

Bei Monterosso

Tour

Der beliebteste Wanderweg

Von Monterosso nach Riomaggiore

Die malerischen Ortsbilder, die Steilhänge über dem Meer, die abwechslungsreiche Vegetation und die aufregend schöne Wegführung haben diese Wanderung zu Recht berühmt gemacht. Der Andrang ist manchmal unangenehm groß, aber dennoch bildet die Tour einen Höhepunkt unter den italienischen Wanderungen.

DIE WANDERUNG IN KÜRZE

++ Anspruch

4.30 Std. Gehzeit

14 km Länge

Charakter: Großenteils schmale, steinige Pfade sowie Treppenwege. Nicht zu empfehlen für Wanderer mit ausgeprägter Höhenangst. Insgesamt rund 550 Höhenmeter Anstieg.

Markierung: Rot-weiß, Weg Nr. 2

Wanderkarten: Multigraphic »Cinque Terre/Golfo di La Spezia« 1 : 25 000; F. M. B. »Cinque Terre« 1 : 50 000; Kompass »Cinque Terre« 1 : 50 000

Einkehrmöglichkeiten: In allen Orten am Wege

Anfahrt: Häufige **Bahn**verbindungen zwischen allen Orten der Cinque Terre

Hinweis: Die Wanderung kostet Eintritt! (Tageskarte 5 Euro, Kinder zwischen 4 und 12 Jahren 2,50 Euro. Empfehlenswert ist die »Carta Cinque Terre«, die zugleich als Bahnticket für beliebig viele Fahrten auf der Strecke La Spezia–Levanto gilt; sie wird für einen, drei bzw. sieben Tage ausgestellt.)
Der Weg wird zwischen Ostern und Mitte Oktober sehr stark begangen, an sonnigen Wochenenden ist von der Tour abzuraten!

In **Monterosso** geht man vom Bahnhof auf der Uferstraße nach Osten, durchquert nach gut 5 Min. einen Tunnel, wendet sich anschließend hinter der Bahnbrücke nach rechts und kommt durch eine kleine Gartenanlage zum **Rathaus** (Municipio). Man geht links daran vorbei, biegt gleich wieder nach links und nimmt 50 m weiter den Treppenweg nach rechts hinauf (Wegweiser »Vernaz-za«). Nach einem steilen kurzen Anstieg verläuft dieser Weg mit schöner Aussicht auf Monterosso eben, passiert dann das Hotel Porto Roca und erreicht wenig später einen Bach. Bei der gleich folgenden Gabelung geht man links und steigt nun über Steinstufen steil bergauf. Nach viertelstündigem Anstieg ist die Höhe erreicht, der Pfad biegt nach links und verläuft sehr schmal am terrassierten Hang. Er passiert ein einsam gelegenes Bauernhaus, führt anschließend durch einen schönen Olivenhain und zu einem **Rastplatz**

Tour 30

(1 Std.). Danach geht es mit wunderschönen Ausblicken auf schmalem Pfad weiter. Schließlich wird das malerische **Vernazza** 3 unterhalb sichtbar; auf Treppenwegen geht es steil hinab in den Ort (1.45 Std.).

Der Weg nach Corniglia beginnt an der zentralen Via Roma, 100 m oberhalb des Hafens neben der Apotheke. Hier schlägt man den Treppenweg Via M. Carattino ein. Es geht für eine Viertelstunde über Stufen bergauf, unterwegs genießt man das viele tausend Mal fotografierte Postkartenpanorama von Vernazza. Der Weg quert einen Steilhang und steigt dann erneut an. Durch Olivenhaine gelangt man auf die Höhe (220 m ü. M.) und erreicht wenig später die Häusergruppe **Prevo** 4 (2.30 Std.; unregelmäßig geöffnete Bar).

Es geht nochmals ein kurzes Stück bergauf, dann senkt sich der Weg mit Aussicht auf Corniglia bis zu einem Rastplatz. Erneut steigt der Weg an Steinmäuerchen leicht an, dann folgt ein bequemer Abstieg unter Ölbäumen. Wenig später wird die Straße oberhalb von Corniglia erreicht. Man überquert sie und gelangt an den Rand des alten Ortskerns von **Corniglia** 5 (3.15 Std.). Ein Abstecher ins Dorfzentrum ist unbedingt zu empfehlen.

Der Wanderweg führt auf der zum Bahnhof führenden Straße nach links. Hinter einer Kurve biegt man nach rechts in den absteigenden Treppenweg. (Wer sich diesen Treppenabstieg ersparen will, kann auch auf der kaum befahrenen Straße zum Bahnhof wandern.) Er führt zur

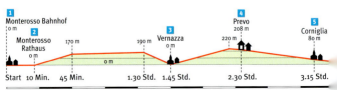

Von Monterosso nach Riomaggiore

Bahnlinie und oberhalb von ihr zum **Bahnhof Corniglia** 6 (3.30 Std.).

Es geht links am Bahnhofsgebäude vorbei, dahinter auf einer Treppe hinab zum Ufer. Nach einem kurzen ebenen Stück quert der Weg, vorübergehend leicht ansteigend, einen steil abfallenden Hang und senkt sich schließlich zum Hafen von **Manarola** 7 (4 Std.).

Im Ort geht man aufwärts, überquert die Bahnlinie auf einer Brücke, biegt dann nach rechts in den Fußgängertunnel und erreicht den Bahnhof. Auf einer Treppe steigt man nach links an und gelangt zum Fußgängerweg »Via dell'Amore«. Die gut ausgebaute Promenade, der meistfrequentierte Abschnitt der Cinque-Terre-Tour, führt zum Bahnhof von **Riomaggiore** 8 (4.30 Std.).

Die Dörfer der Cinque Terre

An der Steilküste im äußersten Südosten Liguriens liegen zwischen Levanto und La Spezia die fünf Cinque-Terre-Orte Monterosso, Vernazza, Corniglia, Manarola und Riomaggiore. Lange Zeit waren sie mit dem Auto nur sehr mühsam auf kurvigen, z. T. nicht asphaltierten Stichstraßen zu erreichen. Noch heute passiert keine Durchgangsstraße diesen Küstenabschnitt. Die Cinque Terre blieben daher verschont von Zersiedlung und Bauspekulation. In den siebziger Jahren des 20. Jh. wurde das Gebiet unter Naturschutz gestellt, heute gehört es zum Nationalpark Cinque Terre.

Die alten Ortsbilder und Landschaftsformen sind in den Cinque Terre so gut erhalten geblieben wie nirgendwo sonst an den Küsten Italiens. Die Hänge fallen steil zum Meer hin ab, hoch am Berg führen schmale Wege durch Weinterrassen und Olivenhaine, die farbigen Häuser der Orte drängen sich in schmalen Buchten aneinander. Dieses ideale Wandergebiet ist im Laufe der

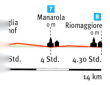

Tour 30

Manarola

letzten drei Jahrzehnte immer bekannter geworden; heute wird es von Touristen aus der ganzen Welt besucht und ist außer bei Italienern, Deutschen und Schweizern auch bei Amerikanern sehr beliebt. In der Saison – zwischen Ostern und Mitte Oktober – sind die Dörfer und Wanderwege daher häufig überlaufen. Wer den Andrang vermeiden will, muss auf die weniger bekannten Wege ausweichen oder am frühen Morgen bzw. am späten Nachmittag und Abend wandern.

Tour 31 — Von Monterosso über Soviore nach Vernazza

Cinque Terre ohne Trubel

Von Monterosso über Soviore nach Vernazza

Während sich auf den Küstenwegen die Wanderer drängeln, geht es in den Höhenlagen um 400–600 m sehr viel ruhiger zu. Man genießt von der Höhe wunderbare Blicke auf das Meer sowie die Cinque-Terre-Dörfer Monterosso und Vernazza.

DIE WANDERUNG IN KÜRZE

Anspruch: ++

Gehzeit: 3.15 Std.

Länge: 9 km

Charakter: Weitgehend schmale, schattenlose Pfade in einsamer Landschaft, 1 km auf wenig befahrenen Straßen. 550 Höhenmeter Anstieg.

Wanderkarten: Multigraphic »Cinque Terre/Golfo di La Spezia« 1 : 25 000; F. M. B. »Cinque Terre« 1 : 50 000; Kompass »Cinque Terre« 1 : 50 000

Einkehrmöglichkeiten: Trattoria Santuario Madonna di Soviore in Soviore (preisgünstig und gut, Tel. 0187 817 385, Di geschl.), außerdem in Monterosso und Vernazza.

Anfahrt: Häufige **Bahn**verbindungen zwischen allen Orten der Cinque Terre. Rückfahrt Vernazza–Monterosso mit der **Bahn**.

›Man folgt der Hauptstraße Via Roma im alten Ortsteil von **Monterosso** 1 landeinwärts. Am Ortsende werden eine Schranke und ein Parkplatz passiert, 100 m danach wendet man sich nach links in einen rot-weiß markierten Treppenweg (Weg Nr. 9, Wegweiser »Sentiero per Madonna di Soviore«). Der Weg steigt am Hang kontinuierlich an, überquert einmal die Zufahrtsstraße nach Monterosso und führt schließlich zu der Häusergruppe **Soviore** 2 bei der gleichnamigen Wallfahrtskirche (1.30 Std.).

Vor dem Gebäudekomplex biegt man nach rechts, geht rechts an der Kirche vorbei, passiert zwei neuere Häuser und steigt auf einem Sträßchen an bis zur Hauptstraße. Auf dieser wendet man sich wieder nach rechts. Nach gut 10 Min. auf der Straße biegt man kurz vor der Passhöhe nach rechts in einen absteigenden Pfad (rot-weiß markiert, Weg Nr. 8/b).

Der Weg senkt sich allmählich in südöstlicher Richtung. Bäume und Büsche dieses Gebiets gingen 1998 bei einem Brand in Flammen auf. Inzwischen wächst der Buschwald allmählich nach. Er ist aber noch immer relativ niedrig, der Weg bietet daher kaum Schatten. Dafür genießt man herrliche Aussichten, denn der Blick wird nirgendwo durch die Vegetation verstellt. Streckenweise verläuft der Pfad schmal am Hang, zwischendurch gibt es gelegentlich kurze steile Abstiege. Nach rund

Vernazza ›

135

Tour 31

Von Monterosso über Soviore nach Vernazza

Tour 31

45 Min. auf diesem Weg gelangt man zu einer Straße und biegt auf ihr nach rechts. Knapp 5 Min. später kreuzt der markierte Weg Nr. 8 die Straße. Man folgt ihm nach rechts abwärts und erreicht gleich darauf die Wallfahrtskirche **Madonna di Reggio** 3 (2.40 Std.).

Vor der Kirche geht man – der Markierung folgend – unter Bäumen nach links und biegt dann auf einen betonierten Weg nach rechts abwärts. Der Weg geht in einen schönen gepflasterten Maultierpfad über und führt in Kurven hinab nach **Vernazza** 4 (3.15 Std.).

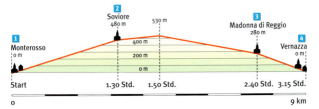

Tour

Durch Felsen zum Dorf der Venus

Von Riomaggiore nach Portovenere

Zwischen dem südlichsten Cinque-Terre-Dorf Riomaggiore und Portovenere wird die Küste immer schroffer und steiler. Nach einem langen Anstieg durch Weinberge und niedrigen Wald wandert man auf Kammwegen zum Dorf Campiglia. Anschließend senkt sich der Weg durch Felslandschaft nach Portovenere, dem »Hafen der Venus«.

DIE WANDERUNG IN KÜRZE

++ Anspruch

4.30 Std. Gehzeit

15 km Länge

Charakter: Schmale, z. T. steinige Pfade, Waldwege, Treppenwege. Trittsicherheit erforderlich, bei ausgeprägter Höhenangst wegen der Tiefblicke hinter Campiglia nicht zu empfehlen. Rund 600 Höhenmeter An- und Abstieg.

Markierung: Rot-weiß

Wanderkarte): Multigraphic »Cinque Terre/Golfo di La Spezia« 1 : 25 000; F. M. B. »Cinque Terre« 1 : 50 000; Kompass »Cinque Terre« 1 : 50 000

Einkehrmöglichkeiten: In Riomaggiore und Portovenere, unterwegs Bar bei Madonna di Monte Nero, Bar/Restaurant in Telegrafo, Bars und Lebensmittelgeschäft in Campiglia. Besonders empfehlenswert: Piccolo Blu in Campiglia, eine sympathische Bar mit guten kleinen Gerichten, Picknickbänken und Spielplatz – alles darf gratis genutzt werden, Tel.: 0187 758 517, Mo geschl.

Anfahrt: Rückfahrt mit dem **Schiff** (empfehlenswert, Auskunft Tel. 0187 732 987 und navigazionegolfodeipoeti.it) oder **Bus** Portovenere–La Spezia, von dort mit der Bahn.

In **Riomaggiore** geht man vom Bahnhof durch den Tunnel in den alten Ortskern, biegt dort auf der Hauptstraße nach links aufwärts und steigt im Dorf an. Am Ortsrand wird eine Straße überquert. Auf dem rot-weiß markierten Weg (bis »Telegrafo« Nr. 3) geht es zwischen kleinen Gärten und Weinbergen an einem Bach entlang geradeaus weiter. Bei einer Gabelung nimmt man den Treppenweg rechts hoch, erreicht wieder eine Straße, überquert sie, geht weiter aufwärts. Der Weg biegt dann scharf nach rechts, steigt nun sanfter an, schließlich gelangt man zur Wallfahrtskirche **Madonna di Monte Nero** 2 (50 Min., Bar). Nach Nordwesten erstreckt sich hier der Blick über das gesamte Gebiet der Cinque Terre.

Man umrundet die Kirche nach links und steigt in östlicher Richtung weiter an (Wegweiser »Telegrafo«).

139

Tour 32

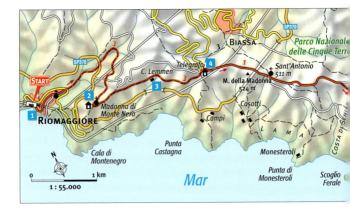

Knapp 10 Min. nach der Kirche nimmt man den nach rechts über Stufen abzweigenden Pfad, der weiter als Weg Nr. 3 markiert ist. Dieser Abzweig ist leicht zu übersehen, denn der geradeaus führende Weg ist (als 3/a) ebenfalls rot-weiß markiert! Es geht nun fast eben am Hang auf einem schönen Waldpfad weiter zur Häusergruppe **Lemmen** 3 (1.10 Std.).

Wenig später steigt der Weg über Steinstufen nach links an. In zunächst steilem, dann gemäßigterem Anstieg erreicht man die Anhöhe **Telegrafo** 4 (gut 1.30 Std., Bar/Restaurant). Man biegt hinter dem Restaurant Colle del Telegrafo auf einen Asphaltweg nach rechts. Ab hier folgt man die Portovenere dem rot-weiß markierten Weg Nr. 1. Der Asphalt hört gleich auf, man folgt einem Waldweg auf dem Hügelkamm. Nach einer Viertelstunde passiert man eine Bar/Kiosk im Wald, geht geradeaus weiter auf dem Kammweg. Der Weg verengt sich nach einiger Zeit und wechselt auf die rechte Hangseite, schließlich steigt man etwa 20 Min. ab bis zum Dorf **Campiglia** 5 (gut 2.30 Std.).

Rechts an der Dorfkirche vorbei gelangt man in ein kleines Waldstück, biegt an seinem Ende scharf nach links und kommt zur Straße. Der Weg führt rechts oberhalb von ihr weiter. In der nächsten Straßenkurve geht man geradeaus in den Waldweg in südöstlicher Richtung. Dieser Weg steigt kurz an, senkt sich dann steil, berührt noch einmal die Straße und führt dann als schmaler, felsiger Pfad hoch über dem Meer weiter. Man genießt herrliche Aussichten und Tiefblicke auf die Küste. Nach einem Abstieg gelangt der Pfad zu einem Sträßchen (3.30 Std.). Man

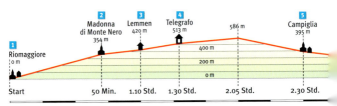

Von Riomaggiore nach Portovenere

geht geradeaus rechts unterhalb des Sträßchens weiter, kommt wieder zu ihm, geht nach rechts, biegt in der nächsten scharfen Rechtskurve nach links auf einen nicht asphaltierten Weg und von diesem nach 15 m nach rechts in einen ansteigenden Pfad. Er führt wieder zur Straße, man geht nach links und steigt für knapp 10 Min. an bis zur nächsten Rechtskurve. Hier geht es geradeaus auf einem Fußweg weiter, der gleich nach rechts biegt. Mit schönen Blicken auf den Golf von La Spezia und die Palmaria-Insel, bald auch auf die Burg von Portovenere, verläuft der Weg nun – streckenweise ziemlich steil – abwärts. (Vorsicht bei Nässe, die Steinstufen sind glatt!) Am Schluss folgt man dem Treppenweg an der linken Seite der Burg und erreicht den Hafen von **Portovenere** 6 (4.30 Std.).

Der Hafen der Venus: Portovenere

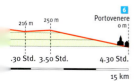

Tour 33

Zu schönen Buchten

Rundweg auf der Isola Palmaria

Auf der Palmaria-Insel vor Portovenere stehen nur wenige Häuser. Auf aussichtsreichen Wegen wandert man in der ruhigen Landschaft durch Macchiavegetation, die besonders üppig im Mai und Juni blüht. Unterwegs erreicht man die schöne Badebucht Cala del Pozzale.

DIE WANDERUNG IN KÜRZE

Anspruch: +

Gehzeit: 2.15 Std.

Länge: 7 km

Charakter: Meist schmale, streckenweise steinige Pfade, manchmal breitere Strand- und Waldwege. Anstiege insgesamt 300 Höhenmeter.

Markierung: Rot-weiß

Wanderkarten: Multigraphic »Cinque Terre/Golfo di La Spezia« 1 : 25 000; F. M. B. »Cinque Terre« 1 : 50 000; Kompass »Cinque Terre« 1 : 50 000

Einkehrmöglichkeiten: Locanda Lorena, an der Bootsanlegestelle, Tel. 0187 792 370, Mi geschl. In der Badesaison ist auch ein Strandrestaurant an der Cala del Pozzale geöffnet.

Anfahrt: Regelmäßige **Schiffs**verbindungen ab Portovenere und La Spezia, Auskunft Tel. 0187 732 987, www.navigazionegolfodeipoeti.it

---

Von der Bootsanlegestelle **Terrizzo** 1 geht man nach links und steigt auf einem Sträßchen nach Südosten an. Der Asphalt hört gleich auf, bei einer Gabelung hält man sich rechts. Man gelangt wieder zu einem Sträßchen und biegt nach links. Wenige Minuten später schlägt man den markierten Pfad nach rechts ein. Er steigt am Hang an und verläuft dann eben mit schöner Aussicht über den Golf von La Spezia, nach Lerici, zum Apennin und zu den Apuanischen Alpen. Man ignoriert einige Abzweigungen nach rechts und steigt schließlich ab zum unterhalb sichtbaren Steinstrand **Cala del Pozzale** 2 (knapp 1 Std., Badegelegenheit).

Am Ufer geht es weiter, bis der markierte Weg bei einem Schild »Divieto di Campeggio« nach rechts in den Buschwald biegt. Nun wandert man etwa eine Dreiviertelstunde teilweise steil bergauf. Der Weg verläuft meist schattig in der Macchia. Auf

Rundweg auf der Isola Palmaria

der Höhe, unterhalb eines Sendemasts auf dem **Colle Montroni** 3 (1.40 Std.), biegt man auf einem Sträßchen nach rechts. In der folgenden Linkskurve nimmt man einen ebenen, nicht asphaltierten Weg geradeaus, der gleich darauf an verfallenen Militäranlagen vorbeiführt. Bei der folgenden Wegverzweigung schlägt man den schmaleren Weg nach links abwärts ein. Er senkt sich im Buschwald zwischen Farnen, Steineichen, Eichen und Brombeerbüschen. Zwischendurch öffnen sich weite Blicke auf den Golf von La Spezia, Lerici, die Apuanischen Alpen und die toskanische Küste, bei klarer Sicht bis nach Elba. Bald tauchen linker Hand die farbigen Häuser von Portovenere auf.

Der Weg überquert ein kleines Teersträßchen und gelangt gleich darauf erneut zu der Straße. Man geht nach links und nimmt nach 50 m den Weg nach rechts abwärts. Dieser führt rasch nach **Terrizzo** 1 (2.15 Std.).

Die Isola Palmaria

Tour

Im Naturpark Montemarcello

Rundwanderung bei Lerici

Die Wanderung im Naturschutzgebiet Montemarcello führt auf angenehmen Pfaden durch Olivenhaine und Wälder hoch über dem Meer. Besonders reizvoll sind die weiten Ausblicke über den Golf von La Spezia, ins Magra-Tal und auf die Apuanischen Alpen.

DIE WANDERUNG IN KÜRZE

Anspruch: ++

Gehzeit: 3.45 Std.

Länge: 12 km

Charakter: Die mittelschwere Wanderung mit 500 Höhenmetern Anstieg führt meist über angenehme, schattige Feld- und Waldpfade, etwa 30 Min. verlaufen auf Asphalt.

Wanderkarten: Multigraphic »Cinque Terre/Golfo di La Spezia« 1 : 25 000; F. M. B. »Cinque Terre« 1 : 50 000; Kompass »Cinque Terre« 1 : 50 000; auf der Multigraphic-Karte sind die Wegnummern 3 und 3/h abschnittsweise vertauscht.

Einkehrmöglichkeiten: In Lerici, unterwegs Geschäfte und Bars in La Serra und im Ortszentrum von Ameglia (10 Min. Abstecher vom Wanderweg)

Anfahrt: Von La Spezia fahren **Busse** der Linie L alle 15 Min. nach Lerici (Fahrzeit 30 Min.) Die Anfahrt mit dem **Pkw** ist vor allem an Wochenenden und im Hochsommer nicht zu empfehlen, Zufahrtsstraßen und Parkplätze sind dann oft überfüllt.

Die Tour beginnt an der Piazza Garibaldi im Ortszentrum von **Lerici** 1. Rechts von der Bar Casa del Caffè geht es unter einem Torbogen hindurch in den Treppenweg Via Andrea Doria (Wegweiser »La Serra«, »Tellaro«, »Monte Marcello«). Bis Zanego folgt man ab hier für anderthalb Stunden dem rot-weiß markierten Weg Nr. 3. Er erreicht nach knapp 10 Min. Anstieg eine Asphaltstraße. Auf ihr geht man nach rechts und nimmt 50 m weiter den zweiten nach links abzweigenden Weg, der zu-

144

Rundwanderung bei Lerici

nächst eben oberhalb der Straße weiterführt und dann eine Weile im Buschwald ansteigt. Bei einer Gabelung 15 Min. nach der Straße hält man sich links, steigt weiter an und gelangt gleich darauf zu einem großen Haus. Man überquert das Zufahrtssträßchen zu dem Anwesen, folgt dem markierten Pfad, hält sich bei einem Querweg links und erreicht eine Häusergruppe unterhalb einer Straße, wo nach rechts biegt (gut 30 Min. ab Lerici).

Der schmale Weg verläuft nun sehr angenehm eben am Hang. Mit Sicht auf das Meer geht es durch Olivenhaine, man blickt auf den Golf von La Spezia mit Portovenere, den Inseln Tino und Palmaria und schaut zurück auf die farbigen Häuser des Dorfes La Serra. Nach einer halben Stunde auf dem Pfad passiert man den verlassenen Weiler **Putersone** 2, eine kleine Gruppe verfallener Steinhäuser (gut 1 Std.).

5 Min. später zweigt bei einem weiteren Steinhäuschen ein breiter Weg nach rechts ab in Richtung Tellaro, man geht hier jedoch auf dem schmalen Pfad geradeaus weiter. Gleich darauf passiert man nochmals eine Abzweigung nach Tellaro (Weg 3/h), bei der man sich wieder geradeaus hält. Wenig später wird rechts unterhalb das malerische Tellaro sichtbar. Der Weg steigt für eine Viertelstunde an und erreicht bei der Häusergruppe **Zanego** 3 die Straße Lerici–Montemarcello (gut 1.30 Std.).

Nun folgt man dem rot-weiß markierten Weg Nr. 2b in Richtung Ameglia. Man überquert die Straße, wandert zunächst auf einem Betonweg, bald darauf unter Ölbäumen auf einem schönen aussichtsreichen Pfad abwärts. Unterhalb erscheint das Tal des Flusses Magra, später

145

Tour 34

Bei Lerici

blickt man auf den alten Ortskern von Ameglia. Bei den ersten Häusern von **Ameglia** 4 (2 Std.) biegt man nach links auf den rot-weiß markierten Weg Nr. 2. Ihm folgt man bis Lerici. Zunächst geht es auf einem Waldpfad unter Steineichen, Kastanien und Erdbeerbäumen aufwärts. Nach 10 Min. Anstieg biegt der Weg über Stufen scharf nach rechts. Bald darauf wird die Aussicht auf Ameglia, die Magra-Mündung und im Hintergrund die Apuanischen Alpen frei. Es geht auf dem Waldpfad für weitere 30 Min. aufwärts bis zu einer Häusergruppe. Der Weg verbreitert sich hier, man folgt ihm geradeaus. Bald ist er asphaltiert und führt in gut 10 Min. zu einer **Gabelung** (2.45 Std.) – dort links. Wenige Minuten später biegt nach rechts der markierte Weg Nr. 1 in Richtung Romito ab; man bleibt jedoch geradeaus auf dem Weg Nr. 2 (Wegweiser nach La Serra und Lerici). Gleich darauf erreicht das Sträßchen seinen höchsten Punkt (364 m). Nun geht es für 2–3 Min. bergab, dann biegt man – hinter einem roten Haus – von der Straße nach links in einen (leicht

Rundwanderung bei Lerici

zu übersehenen) rot-weiß markierten Pfad. Nach kurzem Anstieg senkt er sich zu einem Anwesen. Hier nimmt man den breiten Weg nach links und unmittelbar danach den Pfad nach rechts. Bald öffnet sich der Blick auf den Golf von La Spezia, Portovenere und Lerici. Mit schöner Aussicht geht es steil abwärts zu einem breiteren Weg. Man folgt ihm nach links und steigt weiter ab ins Dorf **La Serra** 5 (3.15 Std.).

Im Ort geht es bei einer Gabelung auf dem Treppenweg nach rechts hinab. Im Ortszentrum kommt man zu einer Straße und biegt nach rechts. Gleich darauf gelangt man zur Hauptstraße, geht nach links und sofort wieder rechts hinab in die Via Gen. B. Zanelli, der man für 10 Min. folgt. Das Sträßchen geht dann in einen Treppenweg über, der zur Straße Lerici–Tellaro führt. Auf der Straße nach rechts und nach 50 m (direkt hinter der Abzweigung der Straße nach Maralunga) links abwärts in einen Treppenweg. Er führt zurück zum Ausgangspunkt, der Piazza Garibaldi in **Lerici** 1 (3.45 Std.).

147

Tour 35

Blicke zu den Marmorbergen

Von Tellaro nach Bocca di Magra

Auf alten Maultierpfaden erreicht man das hoch gelegene Dorf Montemarcello und blickt über die Magra-Ebene in die Toskana; im Hintergrund erheben sich die Marmorgipfel der Apuanischen Alpen. Nach einem Abstieg auf schönen Waldwegen erreicht man das Ufer bei der Mündung des Flusses Magra.

DIE WANDERUNG IN KÜRZE

Anspruch: +

Gehzeit: 2.30 Std.

Länge: 9 km

Charakter: Leicht, meist auf angenehmen Pfaden, Feld- und Waldwegen. 300 Höhenmeter Anstieg.

Markierung: Rot-weiß, Weg Nr. 3, ab Putersone

Wanderkarten: Multigraphic »Cinque Terre/Golfo di La Spezia« 1 : 25 000; F. M. B. »Cinque Terre« 1 : 50 000; Kompass »Cinque Terre« 1 : 50 000. Auf der Multigraphic-Karte sind die Wegnummern 3 und 3/h abschnittsweise vertauscht.

Einkehrmöglichkeiten: In Tellaro und Bocca di Magra, unterwegs Bars, Geschäfte und Restaurants in Montemarcello und Bocca di Magra

Anfahrt: Nach Tellaro fahren stündlich **Busse** ab La Spezia (Umsteigen in Lerici), Fahrzeit 45 Min. Sonntagvormittag keine Verbindungen! Rückfahrt Bocca di Magra–La Spezia werktags 15.32, 18.12 Uhr (jeweils in Romito umsteigen), Mo–Fr auch 17.17 Uhr (direkt), Fahrzeit 60 Min. Busauskunft: www.atclaspezia.it, Tel. 80 03 22 322.
Mit dem **Pkw:** Man kann den Wagen in Lerici parken, wandert bis Putersone wie auf Tour 34 und trifft dann auf die unten beschriebene Route. Die Wanderzeit beträgt bei dieser Variante insgesamt gut 3 Std. Rückfahrt ab Bocca di Magra werktags 15.32 und 18.12, sonn- und feiertags 14.32 Uhr, jeweils umsteigen in Romito, Fahrzeit bis Lerici rund 25 Min.

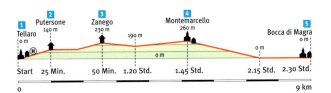

Von Tellaro nach Bocca di Magra

Tour 35

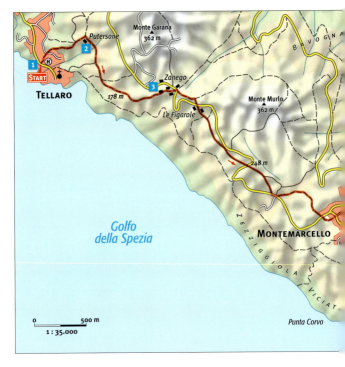

Von der Bus-Endhaltestelle in **Tellaro** 1 (beim Hotel delle Ondine) geht man 50 m zurück in Richtung Lerici und biegt dann nach rechts in den Treppenweg Via della Fonte (rot-weiß markiert, Weg Nr. 2). Der Weg überquert ein Sträßchen. Auf einem schönen Pfad unter Ölbäumen geht es weiter aufwärts zum verlassenen Weiler **Putersone** 2 (25 Min.). Hier trifft man auf den rot-weiß markierten Wanderweg Nr. 3, der nach Bocca di Magra führt. Man wendet sich nach rechts. Der Weg verläuft für etwa 10 Min. eben am Hang, dabei bietet sich streckenweise eine schöne Aussicht auf den alten Ortskern von Tellaro, den Golf von La Spezia, die Palmaria-Insel und Portovenere. Dann steigt der gepflasterte alte Maultierweg im Buschwald und unter Steineichen kontinuierlich an und trifft bei der Häusergruppe **Zanego** 3 auf die Straße Lerici–Montemarcello (50 Min.).

Man überquert die Straße schräg nach rechts, hält sich weiter auf dem markierten Weg Nr. 3 (Wegweiser nach Montemarcello und Bocca di Magra). Nach wenigen Minuten kommt man zu einer Gabelung (Markierungen in beide Richtungen). Man hält sich rechts, überquert erneut die Straße, steigt kurz zwischen einigen Häusern ab und geht anschließend unter Pinien bergauf. Der Weg gelangt auf der Höhe wieder zur Straße, senkt sich rechts von ihr, überquert sie dann nochmals. Nach

‹ Oberhalb von Tellaro

150

Von Tellaro nach Bocca di Magra

links und bei der nächsten Gabelung rechts abwärts. Der Weg überquert eine Straße und führt dann durch einen Pinienwald. Es geht nochmals über die Straße, man blickt auf die Magra-Mündung und die Apuanischen Alpen. Weiter abwärts und vor dem Eingang zum Kloster Carmelita geradeaus auf dem Treppenweg in Richtung Meer.

Bei der nächsten Verzweigung kann man die Straße nach links nehmen, die direkt ins Ortszentrum von Bocca di Magra führt, oder aber – schöner – dem Treppenweg weiter abwärts zum Strand folgen. Am Strand geht man nach links, erreicht ein Sträßchen und folgt ihm am Magra-Ufer. Vorbei an den Ausgrabungen einer römischen Villa gelangt man ins Ortszentrum von **Bocca di Magra** 5 (2.30 Std.).

Der Bus nach La Spezia hält an der Einmündung der Via Sans Facon, 50 m vor dem Hotel Garden.

kurzem Stück gelangt man ein weiteres Mal zur Straße (1.20 Std.), geht auf ihr für 100 m nach links und biegt dann wieder nach links in einen schmalen Waldpfad.

Nach einigen Minuten kommt man – 20 m vor einer Lichtung – zu einer Wegverzweigung (in beide Richtungen markiert, leicht zu übersehen). Man geht rechts und steigt im Wald an. Unterhalb von Monte-marcello wird erneut die Straße erreicht. Man biegt auf ihr für wenige Meter nach links und nimmt dann den breiten Weg nach rechts. Es geht aufwärts ins Zentrum von **Montemarcello** 4 (1.45 Std.) und auf der Via della Piazza zur Piazza Vittorio Veneto.

Am Ende des Platzes schlägt man rechts unter dem Torbogen die Via Guardiola ein, geht gleich wieder

Register

Acquapendente 114
Airole 19
Alassio 57
Albenga 9, 15, 61
Alta Via 26, 32, 55, 74, 90
Amborzasco 115
Ameglia 146
Andora 57
Aquila d'Arroscia 61
Arenzano 90
Argentina 37
Arroscia 61
Aveto 113

Barbagelata 112, 114
Bardineto 75
Batterie 106
Bellissimi 48, 52
Bocca di Magra 148, 151
Boissano 72
Bosco di Rezzo 42
Brea, Lodovico 37
Breil-sur-Roya 19
Bric del Frate 78
Brogata Magliani 52

Ca du Fo 70
Ca'Marcone 125
Cala del Pozzale 142
Calvisio Vecchio 81, 84
Camogli 9, 104
Campi 93
Campi Gunio 22
Campiglia 140
Camporotondo 84
Canessa 110
Capo Mele 59
Cappella del Colletto 100
Carmo dell'Omo 42
Carmo di Brocchi 38, 39, 41
Carpasina-Bach 35
Carpasio 34, 35
Castell'Ermo 61
Casa Carli 44

Casa del Romano 98
Casa di Piccetto 97
Casa Ex Dazio 89
Case Cazzalavo 37
Case Barbone 29
Case Borma 33
Case Caussaniglia 23
Case Costa 120
Case di Quin 29
Case Gandarini 72
Case Partigiani 49
Case Peglia 70
Caselle di Fenaira 39, 42
Castel Gavone 15, 80
Castel San Giovanni 77
Castello d'Andora 59
Castello d'Aquila 61
Castello di Zuccarello 66
Castello Diamante 93
Castelvecchio di Rocca Barbena
    15, 65, 66
Castrum Perticae 78
Cavi 122, 123
Certosa 69, 72
Chiappa 97
Chiavari 9, 119, 121
Ciappo dei Ceci 83
Ciappo delle Conche 83
Cinque Terre 9, 15, 128, 133
Cogoleto 88
Colla d'Oggia 38
Colla d'Onzo 63
Colla Langan 24
Colla Melosa 24, 27
Colla Micheri 57, 59
Colla Piana 37
Colle Carparo 42
Colle del Diamante 94
Colle di Trensasco 93
Colle Montroni 143
Colle San Bartolomeo 55
Corniglia 132, 133
Costa 83
Crevari 88

Register

Dari 72
Dolcedo 46

Erli-Bassi 65

Fanghetto 16, 19
Finalborgo 15, 77, 80
Finale Ligure 87
Finalpia 87
Fontana da Castagna 70
Fontana Eritrea 26
Fonte San Martino 25
Forte Diamante 94
Forte Fratello Minore 94
Forte Puin 94
Forte Sperone 94
Fossa di San Lorenzo 38,
    40, 42

Gallinara, Insel 70
Genua 9, 15
Giogo di Toirano 74
Glori 34, 37
Gola d'Incisa 26
Gramizza 115
Grotta delle Fate 87
Grotte di Toirano 69, 72

I Frati 78
Imperia 9, 13
Isola Palmaria 141,
    142

La Serra 147
La Spezia 9
La Valle 77
Lacrema 81
Lago di Brugneto 97
Laigueglia 57, 58, 60
Lavagna 122
Lecchiore 52
Lemeglio 126
Lemmen 140
Lerca 92
Lerici 15, 144, 147
Levanto 128
Libre (Libri) 19
Loano 68

Madonna del Lago 53, 56
Madonna del'Acquasanta 52
Madonna di Gazzine 35
Madonna di Lourdes 37
Madonna di Montallegro 119
Madonna di Monte Nero 139
Madonna di Reggio 138
Magra 145, 148
Malga Zanoni 118
Malvaro 112
Manarola 133
Maxena 121
Molini di Prela 43, 46
Moneglia 127
Montallegro 119
Montalto Ligure 15, 37, 50
Monte Abellio 23
Monte Ampola 109
Monte Antola 96, 97
Monte Arbozzaro 51
Monte Argentea 90
Monte Armetta 53, 55
Monte Carmo 68
Monte Carpasina 38, 39
Monte Caucaso 114
Monte Ceppo 37
Monte Ciazza 37
Monte delle Tre Croci 98
Monte Dubassio 55
Monte Duso 97
Monte Faudo 50
Monte Follia 50
Monte Galero 53
Monte Grande 38
Monte Manico del Lume 110
Monte Orsena 109
Monte Pegge 110
Monte Pennone 89
Monte Pietravecchia 26
Monte Portofino 104
Monte Rama 88, 90, 92
Monte Reixa 89, 90
Monte Saccarello 29, 32
Monte Tardia 89
Monte Toraggio 26
Montemarcello 151
Monterosso 130, 131, 133, 135
Montesordo 80

153

Register

Monviso 32
Mortola 105

Neva, Fluss 65
Noli 9, 15
Nostra Signora di Loreto 15, 77, 79

Olmi 101
Orco 83

Pantasina 45
Passo d'Abellio 22
Passo dei Sogli 42
Passo del Faiallo 89
Passo del Gabba 114
Passo del Gallo 109
Passo del Giadino 94
Passo dell'Anchetta 120
Passo della Gava 89
Passo della Guardia 29
Passo della Mezzaluna 38, 40
Passo della Serra 110
Passo della Spingarda 116
Passo della Valle 52
Passo della Vallette 26
Passo della Vena 50
Passo di Collardente 32
Passo di Fonte Dragurina 26
Passo Garlenda 29
Passo Scoglina 112
Passo Tre Croci 98
Passo Volta 113
Pennavaire, Fluss 53, 61, 63
Perti 77, 80
Peso Grande 63
Pian del Colle 55
Pian Marino 79
Piana dei Merli 110
Pianavia 44
Piene Haute (Piena) 19
Pietrabruna 49
Pietre Strette 101
Pino 93
Pizzo della Ciazza 37
Pizzo Penna 42
Ponte Cin 23
Ponte delle Fate 86
Ponte Pau 23

Poragine 118
Porto Maurizio 15
Portofino 15, 103, 107
Portofino, Vorgebirge von 101
Portovenere 9, 15, 141, 143
Praelo 44, 46
Prati di Dolcedo 51
Prati Piani 38, 42
Prato 107
Prato Lungo 113
Prato Mollo 116
Prato Pietrino 69
Pratosopralacroce 115, 118
Prela Castello 44
Prevo 132
Propata 96, 100
Punta Mesco 128
Putersone 145, 150

Rapallo 111
Realdo 33
Rifugio Allavena 24, 25, 27
Rifugio Gilwell 89
Rifugio Monte Aiona 116
Rifugio Monte Penna 115, 116
Rifugio Padre Rino 91
Rifugio San Remo 29
Rio della Valle 73
Rio di Lerca 92
Rio Mere 49
Rio Orso 97
Riomaggiore 133, 139
Ripalta 46
Riviera di Ponente 15
Rocca Barbena 73, 75
Rocca Vaccaria 90
Rocchetta Nervina 15, 20, 23
Roia (Roya), Fluss 16
Ruta 101, 108

Salino 61
Salto del Lupo 73
San Antonino, Kirche 78
San Antonio 87
San Antonio, Kirche 32
San Benedetto 122
San Bernardo, Kapelle 49
San Calogero, Kirche 63

Register

San Fruttuoso, Kloster 105, 107
San Giacomo, Kirche 85
San Giuseppe, Kapelle 66
San Lorenzo, Kirche 83
San Pier di Canne 121
San Pietrino, Kirche 70, 71
San Pietro in Monte, Kirche 71
San Pietro in Vincoli, Kirche 72
San Rocco 105
San Sebastiano, Kirche 103, 107
Sancta Maria in Albis, Kirche 19
Sant'Agostino, Kirche 111
Sant'Anna, Kirche 122, 124
Sant'Antonio, Kirche 129
Sant'Eusebio, Kirche 15, 77. 80
Santa Giulia 122
Santa Lucia, Kapelle 69
Santi Cosma e Damiano, Kapelle 65
Savona 9, 15
Sella Alzabecchi 76
Sella della Valletta 29
Sentiero degli Alpini 24–27
Sestri Levante 14, 122, 124
Sorgente Spinsu 91
Soviore 135

Tanaro 53
Teglia-Pass 42
Tellaro 148, 150
Terrizzo 142, 143
Tigullio-Golf 103, 107, 109, 119
Toirano 68, 72
Torrente Barbaira 23
Torriglia 96
Trincheri 48
Trunette 35

Valle Fontanabuona 114
Valle Ponci 14, 85
Vallon de la Bendola 26
Varatella, Bach 69, 70
Varigotti 15, 85
Ventimiglia 15
Verdeggia 28, 33
Vernazza 132, 133, 138
Verzi 87
Via Aurelia 14, 85, 125
Via Iulia Augusta 14, 85

Zanego 145, 150
Zuccarello 15, 65, 67

Abbildungsnachweis/Impressum

Titelbild: W. Schwieder, Stuttgart
Alle übrigen Fotos: G. Henke, Bremen.

Karten und Höhenprofile: DuMont Reisekartografie, Fürstenfeldbruck
© DuMont Reiseverlag, Ostfildern

Titelbild: Blick auf Vernazza, Cinque Terre

Über die Autoren:
Georg Henke, geb. 1950, arbeitet als Jurist, Fotograf und Reisebuchautor. Ausgedehnte Reisen führten ihn um die ganze Welt. In Europa zieht es ihn vor allem nach Mittelitalien und Südfrankreich. Buchveröffentlichung bei DuMont: Wandern in der Provence.

Christoph Hennig, geb. 1950, veranstaltet und leitet Wanderreisen in Frankreich und Italien. Zahlreiche Buchveröffentlichungen bei DuMont, u. a.: Kunst-Reiseführer Latium, DuMont aktiv Wandern in der Toscana. Im Internet: www.italienwandern.de, www.italienwandern.com, www.5terre.de

Für die Hinweise zur Wanderung 28 danken die Autoren Orietta Schiaffino, Moneglia.

Bitte schreiben Sie uns, wenn sich etwas geändert hat!
Alle in diesem Buch enthaltenen Angaben wurden vom Autor nach bestem Wissen erstellt und von ihm und dem Verlag mit größtmöglicher Sorgfalt überprüft. Gleichwohl sind – wie wir im Sinne des Produkthaftungsrechts betonen müssen – inhaltliche Fehler nicht vollständig auszuschließen. Daher erfolgen die Angaben ohne jegliche Verpflichtung oder Garantie des Verlages oder des Autors. Beide übernehmen keinerlei Verantwortung und Haftung für etwaige inhaltliche Unstimmigkeiten. Wir bitten dafür um Verständnis und werden Korrekturhinweise gerne aufgreifen.
DuMont Reiseverlag, Postfach 31 51, 73751 Ostfildern
E-Mail: info@dumontreise.de · Internet: www.dumontreise.de

2., aktualisierte und neu gestaltete Auflage 2010
© DuMont Reiseverlag, Ostfildern
Alle Rechte vorbehalten
Redaktion/Lektorat: Bärbel Döring
Grafisches Konzept: Groschwitz, Hamburg
Printed in Germany